Katharina Schridde
Du hast mich heimgesucht

Katharina Schridde

Du hast mich heimgesucht

Erfahrungen mit Trauma und Spiritualität

Patmos Verlag

VERLAGSGRUPPE PATMOS

PATMOS
ESCHBACH
GRÜNEWALD
THORBECKE
SCHWABEN
VER SACRUM

Die Verlagsgruppe
mit Sinn für das Leben

Für die Verlagsgruppe Patmos ist Nachhaltigkeit ein wichtiger Maßstab ihres Handelns. Wir achten daher auf den Einsatz umweltschonender Ressourcen und Materialien.

Alle Rechte vorbehalten
© 2020 Patmos Verlag
Verlagsgruppe Patmos in der Schwabenverlag AG, Ostfildern
www.patmos.de

Umschlaggestaltung: Finken & Bumiller, Stuttgart
Umschlagabbildung: © evie.s/unsplash.com
Autorinfoto: © Reinhard Geselle
Gestaltung, Satz und Repro: Schwabenverlag AG, Ostfildern
Druck: GGP Media GmbH, Pößneck
Hergestellt in Deutschland
ISBN 978-3-8436-1228-9

Inhalt

Ein Vorwort, das nicht überflüssig ist,
sondern wirklich dazugehört   7

1
Bad Grönenbach, A. D. 2000   17

Chorus I   25

2
Wir sind viele   33

3
Der Schrecken Isaaks   47

4
Der Schrecken Israels   61

5
Sprechversuche   79

6
Gottesurteil   93

Chorus II 109

7
Kaddisch mit Lilia 115

Chorus III 131

8
Es gibt nichts Ganzeres als ein gebrochenes Herz
(Rabbi Nachman von Bratislav) 117

9
Frei zum Leben 147

Quellenangaben 155

Zur Autorin 157

Ein Vorwort, das nicht überflüssig ist, sondern wirklich dazugehört

Wir sitzen in einem alten Gutshaus in der Uckermark. Die Wände des Zimmers sind mit Lehm bestrichen. Sie atmen. Der Holzboden atmet ebenso wie der alte, große Tisch in der Mitte des Raumes. Vor dem Fenster grasen die vier Schafe, Damen allesamt, groß, behäbig, dunkle Wolle.

Teresa sitzt in einem Korbstuhl, der ebenfalls mit einem Schaffell belegt ist, mit einem weißen aber, zum Glück. Keine Verwechslung mit den hier heimischen Damen möglich.

Ich sitze auf dem kleinen alten Sofa, meinen Laptop auf den Knien.

Das Wichtigste am Arbeiten ist, dass es sich nicht wie Arbeit anfühlt.

Wenn sich Arbeit wie Arbeit anfühlt, habe ich schnell keine Lust mehr, jedenfalls, wenn ich etwas freiwillig tue.

Dies hier tue ich freiwillig. Habe mich fast aufgedrängt, es tun zu dürfen.

Etwas zu schreiben über das Thema »Trauma und Spiritualität«.

Als ich anfing, mich ernsthaft damit zu beschäftigen, wusste ich nicht, dass es dazu bereits jede Menge Literatur gab. Vielleicht gab es die auch noch nicht, als meine Gedanken anfingen, um dieses Begriffspaar zu kreisen. Sie kreisen da immerhin schon seit Jahrzehnten, immer wieder, immer weiter.

Immer beschäftigt mich die Frage, wie die Gegenwart Gottes und traumatische Erfahrungen zusammenpassen. Vielleicht sogar zusammengehören. Oder für immer auseinandergerissen werden.

Dass ich anfing, mich mit der Frage so intensiv auseinanderzusetzen, liegt an meiner eigenen Biografie.

Mein eigener geistlicher Weg hat nicht mit irgendeiner Erleuchtung begonnen, sondern im Gegenteil mit gänzlicher Verfinsterung.

Aus dieser Verfinsterung herauszufinden, bin ich sehr weite Wege und viele Kurven gegangen, durch verschiedene geistliche Traditionen, durch Taufe und Klosterleben, durch Theologiestudium und Ordination, durch Pfarramt und Kontemplationsschule, durch Exerzitien und Ernüchterung.

Auf diesem Weg habe ich überaus lichte Momente und dunkle Zeiten erlebt, Zeiten großen Glücks und Zeiten überaus menschlicher Niederlagen erfahren.

Und ja, sicher gab es Ereignisse, die den Begriff »Traumatisierung« verdienen, so wie er in der Psychotherapie verwendet wird.

Aber nichts von alledem hat mich so sehr geprägt wie diese katastrophale Finsternis am Anfang meines geistlichen Weges.

Und nie habe ich eine wirklich befriedigende Antwort auf die Frage gefunden: Wieso begann mein eigener geistlicher Weg in der Gedenkstätte Auschwitz?

Sollte das so sein?

Gibt es eine Gottesoffenbarung in der Finsternis?

Könnte es sein, dass ein Trauma nicht nur durch Spiritualität geheilt werden kann, sondern selbst ein spirituelles Ereignis ist, das in einen neuen, geistlichen Raum, in eine neue Beziehung zu *Dem* führt, *Die* ich Gott zu nennen gelernt habe?

Auf meinem Weg habe ich Menschen getroffen, die in ähnlicher Weise zu denken schienen, aber ich selbst habe es lange Jahre nicht gewagt, meine Gedanken, meine Fragen wirklich auszusprechen.

Denn die Grenze zu einem unerträglichen Zynismus ist schmal, hauchdünn.

Es könnte passieren, dass jemand mich missversteht.

Als würde ich sagen wollen, dass so ein Trauma doch ein ganz erstrebenswertes Ereignis sei, weil man damit vielleicht ein spiritueller Mensch werden könnte.

Es wäre unerträglich, würde ich oder jemand anderer so etwas behaupten.

Ich meine lediglich:

Vielleicht gibt es einen anderen Weg als die Verzweiflung, wenn traumatisierte Menschen ihre Zerrissenheit, ihre Fragmentierung, das Abgeschnittensein vom Leben spüren wie eine unheilbare, schleichend tödliche Verletzung.

Vielleicht ist der Zugang zu Gott, dem Lebendigen Leben, nicht nur trotz und neben und nach der Verarbeitung eines Traumas möglich – wenn der Mensch also wieder irgendwie »normal« ist –, sondern im Gegenteil: Vielleicht kann ein Trauma selbst der Weg zu Gott sein, in eine neue, andere, weite Beziehung zum Leben.

Gleichsam durch den Tod hindurch, nicht vor, nach, oder neben ihm. Sondern in ihm.

Kann sein, dass ein Mensch nicht unverändert aus dieser Begegnung hervorgeht.

Ich wusste nicht, was geschehen würde, wenn ich dieses Buch schreibe. Ich wusste nur, dass ich es schreiben *wollte,* weil mir das Schreiben eine Art Instrument des Kampfes ist. Auch des Kampfes mit Gott oder Dem, Den ich dafür hielt.

Ganz sicher stand mir ein Kampf mit mir selbst bevor. Mit meinen Ausweichmanövern, meiner Bequemlichkeit, meiner Angst. Angst durchaus davor, dass meine Vermutung stimmen könnte: Dass inmitten und in und hinter dem Trauma etwas anderes ist. Das mich, wenn ich mich ihm wirklich stelle, verändern könnte. Mich und meine Beziehung zu IHM.

Und genauso ist es geschehen.

Und es ist gut so.

Aber nun bin ich ja noch am Anfang. Sitze auf dem Sofa in unserem Zimmer in der Uckermark, lasse mich ablenken, will nicht anfangen, obwohl ich doch anfangen will.

Schau den Schafen beim Grasen zu.

Schaf sein wäre irgendwie einfacher.

Richte alles so ein, dass es wirklich nicht wie Arbeit aussieht. Mehr so wie: Ich spiele ein bisschen auf meinem Laptop herum.

Das Spiel heißt: Ich schaue auf die leere Seite eines neuen Dokuments und warte, dass mir was einfällt.

Aber irgendwie funktioniert das Spiel nicht so recht. Kaffee, Tee, Schokolade, Käsebrot, alles schon probiert. Das Spiel stockt.

Schließlich sage ich laut vor mich hin, halb in der Hoffnung, dass mich niemand hört, denn es ist ja nur ein Spiel:

»Ich finde keinen Anfang.«

Aber ich wurde gehört. Die Antwort kommt aus dem Korbstuhl und schwebt jetzt neben meiner Frage wie zufällig im Raum:

»Meistens ist der am Ende. Bei einem Wollknäuel ist er oft ganz innen, damit sich das Knäuel nicht auflöst.«

»Vielleicht sollte ich dann von hinten anfangen?«

»Ja«.

Aha.

Was wäre denn das Ende?

Von wo aus ließe sich denn das Knäuel aufwickeln …?

Falls ich das wollen sollte.

Denn: ich weiß ja nicht genau, wohin der Faden mich führt. Wer weiß, was da alles miteingewickelt ist … Der Minotaurus wäre eine Möglichkeit. Vielleicht nicht die Schlechteste.

Was wäre also das Ende?

Was wären denn die letzten Worte des Buches?

Vielleicht: Hab keine Angst.

Soll es denn um Angst gehen? Auch.

Und um Schmerz und um das Leiden und vielleicht den Tod.

Und um Gott. Um Gott in alldem.

Es geht um eine Frage.

Um die Frage, ob es sein kann, dass auch traumatische Erfahrungen Wege der Offenbarung Gottes sein können.

Ein gewagter Gedanke, von zwei Seiten anfechtbar.

Kehre ich damit nicht zurück zu einer mittelalterlichen Leidensmystik?

Etwa so: »O ja, freu dich, dass du leidest, dann bist du unserem Herrn Jesus ganz nah.«

Wie viel entsetzlicher Missbrauch ist mit so einer Haltung betrieben und gefördert worden.

Oder von der anderen Seite:

»Was ist das für ein Gott, der das Leiden braucht, um sich zu offenbaren?«

Die Kritik ist berechtigt. Finsterste Gottesbilder sind Generationen von Christinnen und Christen eingepflanzt worden mit der Vermutung, dass erlittener Schmerz eine besonders wirksame Pädagogik unseres Gottes sei.

Diese Gottesbilder werden heute von sehr vielen Menschen in die tiefsten Winkel ihrer Seele verbannt und dort mit einer Mauer aus Angst und Aggression umstellt.

Gottesbilder im Keller – und Gott gleich dazu.

Und dann der letzte Versuch, aus diesem Angstwesen einen lieben, berechenbaren, »handhabbaren« Gott zu machen, ein Göttchen im Rosenquarz.

Aber: Menschen machen Höllenerfahrungen, da hilft dann kein lieber Gott mehr.

Mein Gott, warum hast du mich verlassen?

Das ist der Schrei des Menschen in seiner Verlorenheit.

Nein – weder Leidensmystik noch der Moloch-Gott. Weder Kuscheltier noch therapeutische Anwendbarkeit.

Der Weg liegt dazwischen und ist schmal.

Ihn zu begehen, bedeutet zu erzählen.

Gelesene, gehörte, gesehene, erlebte Geschichten zu erzählen.

Geschichten also von Menschen, die erlebt haben, dass traumatische Erfahrungen zu einer Abspaltung der Seele vom Köper führen können und dass sie gerade in einer solchen Dissoziation ein bis dahin unbekanntes Gefühl von Frieden und Geborgenheit erlebt haben. Als würden sie gerade in ihrer seelischen Fragmentierung durchlässig werden für etwas sehr viel Größeres, das sie so vorher nicht wahrnehmen konnten. Für Gott.

Geschichten, die vermuten lassen, dass Trauma und Spiritualität, Abgrund und Transformation als Übergang näher zusammenhängen, als es zunächst scheint.

Oder, um es biblisch zu sagen: *Finsternis ist ja nicht finster bei dir und hell ist deinen Augen jede Dunkelheit – die Nacht leuchtet wie der Tag* (Psalm 139,11–12).

Und warum ist wichtig, darüber nachzudenken? Das Knäuel zu entwickeln, den Faden aufzunehmen?

Für wen?

Menschen, die traumatische Erfahrungen erleben mussten, ziehen sich häufig zurück – von anderen, von sich selbst, erst recht von Gott.

»Wie kann ER das zulassen? Warum?« – das ist oft die letzte Frage, bevor die Suche beendet und die Sehnsucht begraben wird.

Ich möchte, dass diese Frage der Anfang eines Weges wird, der noch unbekannt ist und sich im Gehen offenbart.

Ein Weg, der durch die Fragmente unseres Lebens hindurch in eine neue Ganzheit führt.

Ein Weg, in dem wir Geführte und Führende zugleich sind und dem Einen Gott neu begegnen – und ER uns.

Ein Weg, der in eine neue Beziehung, womöglich in einen ganz neuen Bund mit Gott führt.

Hab keine Angst.

I

Bad Grönenbach, A. D. 2000

Die junge Frau schrie gellend und hoch.

Ihre Augen waren starr auf eine für uns unsichtbare Gefahr gerichtet, ihr Gesicht wie das eines sehr kleinen Mädchens, das nicht verstehen kann, was mit ihr geschieht. Das nur dieses Entsetzen spürt, die Angst und den Schmerz. Mit ihren Händen klammerte sie sich an C. fest, die sie an den Schultern umfing und sanft ihren Kopf hielt. Die junge Frau schrie.

Wir anderen saßen im Kreis um die beiden Frauen herum, ebenfalls erstarrt. Wir wussten nicht, was mit unserer Freundin gerade geschah, aber wir spürten etwas. Das ging über das hinaus, was wir ertragen konnten. Glaubten ertragen zu können, aber das hatte die, die schrie, wohl auch gedacht. Bevor sie es dann doch ertragen musste.

Ich wollte aufstehen, zu ihr laufen, sie retten. Sie aus C.s Armen reißen, sie aus dem Raum führen, in ihr Zimmer, bei ihr bleiben, sie halten. Bis sie wieder zu uns und in diese Welt zurückkehrte, wo sie sicher war.

Schon erhob ich mich, da traf mich C.s Blick. Sie sah mich an mit ihren klaren, blauen Augen, schaute mich an mit großer Ruhe, voller Aufmerksamkeit, mit größter Intensität. Sie hielt mich, meinen Leib, meine Seele, meinen Geist mit diesem Blick ebenso fest, wie sie die junge Frau in ihrem Armen festhielt. Sofort – buchstäblich augenblicklich – wurde auch ich vollkommen ruhig. In diesem Blick wurde auch ich plötzlich aufgenommen in eine helle, ruhig atmende Gegenwart, in eine große friedvolle Stille – als sei ich allem Schmerz, aller Angst, allem Entsetzen entnommen und aufgehoben worden in eine lichte Weite, in der ich sein konnte – einfach ganz war.

Wie lange dieser Augenblick dauerte, kann ich nicht sagen. In meiner Erinnerung währt er nahezu ewig, obwohl es sicher nur Sekunden waren, in denen C. mich in diesem Blick hielt.

Manchmal »sehe« ich ihre Augen immer noch, heute, fast zwanzig Jahre später. Unvermittelt fühle ich ihre Augen auf mir ruhen. Und ich frage mich, wohin sie mich damals geführt haben, als es plötzlich so hell, so ruhig, so friedlich war. Wohin sie mich noch immer führen würden, würde ich ihnen wieder nachgehen.

Wir waren damals – Ende 1999, Anfang Jahr 2000 – sechs oder sieben Frauen unterschiedlichen Alters, die sich einmal in der Woche mit C. in der Trauma-Gruppe der psychosomatischen Klinik Bad Grönenbach im Allgäu trafen. Die Jahrtausendwende, die alle Welt überbordend feierte, mussten wir damit verbringen, irgendwie unser Leben wiederzugewinnen. Bevor wir in diese Trauma-Gruppe aufgenommen wurden, hatte jede von uns schon einiges erlebt. Ich war sechs Wochen zuvor mit starkem Untergewicht, Neurodermitis im Gesicht, massiver Erschöpfungsdepression und permanenten Rückenschmerzen in die Klinik aufgenommen worden. Es war bereits meine zweite Klinik. Zwei Jahre zuvor war ich mit ähnlichen Diagnosen in eine andere Klinik in Baden-Württemberg geschickt worden, in der mir aber – abgesehen von ein paar erholsamen Wochen – nicht geholfen werden konnte. Nun also diese Spezialklinik, die nach dem Bad Herrenalber Modell arbeitete. Dieses Modell setzte ganz und gar im Erleben der Gemeinschaft an. Wir waren von morgens bis abends in unterschiedlich große Gruppen aufgeteilt, es gab wenig abgeschlossene Räume, alles wurde in der Gruppe besprochen und oft entschieden, Einzeltherapien fanden nur ganz selten und nur in besonderen Situationen statt. Einzelzimmer war verpönt – nur diejenigen, deren Entlassung bevorstand, durften für die letzten zwei Wochen ihres Aufenthaltes in ein Einzelzimmer – und waren dann oft traurig darüber, weil sie inzwischen den Wert tröstender Gemeinschaft erlebt hatten.

Die Behandlung der Patient*innen konzentrierte sich keineswegs auf die Behandlung der Symptome. Vielmehr wurden diese lediglich als eine Art »Sprache« für zugrunde liegende Themen verstanden, die langsam und behutsam aufgedeckt wurden. Gleichzeitig gab es klare Regeln als eine Art Minimal-Vereinbarung: Wer an Gruppensitzungen oder Mahlzeiten nicht teilnahm, brauchte dafür eine ärztliche Begründung. Wer unerlaubt fehlte, wurde nach einer Verwarnung entlassen. Wer die gemeinsam verabredeten Therapieziele verfehlte – sofern es an fehlender Bereitschaft der Patient*in lag –, wurde nach ein oder zwei Verwarnungen ebenfalls entlassen. Alkohol war strikt verboten, rauchen duften wir. Und dann hatte jede natürlich ihre individuellen Therapievereinbarungen. Meine beschränkte sich darauf, nicht weiter abzunehmen. Von ausgeklügelten Speiseplänen, kontrollierten Essensgruppen, täglichem Wiegen blieb ich im Gegensatz zu meiner Erfahrung mit der anderen Klinik verschont, und schon allein das ließ mich überaus kooperativ werden. Ich fühlte mich ernst genommen und verstanden – denn so klug war ich auch, dass meine Magersucht kein Zeichen von Langeweile oder pubertierender Schönheitssehnsucht war (ich war zu diesem Zeitpunkt 36 Jahre alt), sondern andere Ursachen hatte. Ansonsten waren wir erstaunlich frei. Wir durften uns benehmen, wie uns zumute war: Wer weinte, kuschelte mit anderen und wurde getröstet, wer ausruhen wollte, konnte in einer riesigen Polsterecke mit anderen Musik hören oder lesen oder schlafen, wer reden wollte, fand den ganzen Tag offene Türen bei den hochqualifizierten Schwestern, Pflegern, Sozialpädagog*innen, und wer Lust hatte, wie ein kleines Kind auf allen vieren zu krabbeln, konnte auch das tun. Es war alles in Ordnung, sofern wir uns an die Verabredungen hielten.

Nach etwa sechs Wochen also fühlte ich mich relativ erholt und deutlich ruhiger. Ich hatte nicht weiter abgenommen, die Neurodermitis im Gesicht war etwas verblasst und nicht mehr so quälend, die Rückenschmerzen waren überhaupt verschwunden. Da erhielt ich eines Tages die Aufforderung, zu C. zum Gespräch zu kommen. C. war eine der Ärztinnen und bei allen bekannt als diejenige, die die Trauma-Gruppe leitete. Ich war etwas überrascht, dass ich nach so langer Zeit dort erscheinen sollte, denn in meiner Vorstellung ging ich bereits auf meine Entlassung zu. Wozu also nun noch eine Traumatherapie beginnen? Dennoch folgte ich der Aufforderung natürlich. Und war schon nach der ersten Begegnung sehr beeindruckt von C.s ruhiger und klarer, vergleichsweise nüchterner Gesprächsführung. Da zitterte kein Mitleid in der Stimme (ich hasste es, wenn mich Menschen bemitleideten!), keine übertriebene Schutzbedürftigkeit wurde suggeriert (ich fühlte mich nämlich keineswegs schutzbedürftig). Gelassen und freundlich-nüchtern befragte sie mich nach meinen bisherigen therapeutischen Wegen, zu den verschiedenen Symptomen, wollte wissen, ob ich eine Ahnung hätte, wo diese ihren Anfang genommen hätten. Ob es Ereignisse in meinem Leben gebe, die mich belasteten, obwohl sie möglicherweise länger zurücklägen. Und so weiter. So gut es ging, beantwortete ich die Fragen, auf die meisten allerdings fand ich meine Auskunft irgendwie unzureichend. Je länger sie fragte, desto verschwommener erschien mir meine Vergangenheit. Ich konnte nicht einschätzen, welche meiner Erlebnisse nun eigentlich gravierend oder ungewöhnlich oder doch eigentlich völlig normal waren.

Schließlich lud sie mich in die Gruppe ein.

Dort traf ich Caro und Regina und mit ihnen freundete ich mich schnell an. Caro war eine große, auffallend schöne Frau, die ich überall, aber nicht in einer Klinik vermutet hätte. Sie wirkte sportlich, kraftvoll, zugleich schien sie immer etwas abwesend und zerstreut, als würde sie ständig sehr intensiv über komplizierte Fragen nachdenken. Meistens allerdings war sie einfach auf eine stille Art traurig, ohne dass sie selbst sagen konnte, woher diese Traurigkeit rührte. Caro war ausgesprochen hilfsbereit und liebevoll, sah sofort, wenn es einer nicht gut ging, bot unaufdringlich ihre Nähe an und war nicht beleidigt, wenn sie nicht gebraucht wurde. Sie war wie eine große schöne Wildkatze, die immer wieder überrascht feststellen musste, dass sie schwer verwundet wurde. Caro war über Jahrzehnte und noch als erwachsene Frau von ihrem Vater sexuell ausgebeutet worden.

Regina war weitaus schlechter dran. Kleiner als Caro, dünner, aber seltsam unproportioniert, als würden die Glieder nicht ganz zueinander passen. Als müsste sie sich ihren Körper ständig mit mehreren Personen teilen. Ihr Gesicht war von Narben zerfurcht, die blauen Augen darin die eines ängstlichen Kindes. Immer. Da Regina extreme Schlafprobleme hatte, wirkte sie oft grau und überaus angestrengt, auch wenn sie sich alle Mühe gab, uns das nicht spüren zu lassen. Regina war für die allerkleinsten Zeichen von Beachtung und Zuneigung so sehr dankbar, als würde sie durch einen freundlichen Blick vom unmittelbar bevorstehenden Tod errettet werden. Und vielleicht war das auch so. Scheu und vorsichtig konnte sie lange nicht glauben, dass wir – Caro und ich – sie wirklich mochten. Immer wieder war sie auf der Hut und bereit, sich sofort unsichtbar zu machen und zu verschwinden, wenn sie glaubte, dass sie uns störte.

Was genau Regina so zerstört hat, konnte ich nur aus ihren minimalen Andeutungen erahnen. Je länger wir in der Gruppe und außerhalb der Therapiesitzungen zusammen waren, bemerkte ich, dass Regina viele Gesichter, nein: tatsächlich viele Gestalten hatte. Regina war so kaputtgemacht worden, dass sie nur als »Viele« überleben konnte.

Eine dieser Gestalten also schrie.

Schrie in C.s Armen, schrie, wie ich noch nie einen Menschen hatte schreien hören.

Eine davon flehte um Rettung – oh, hätte sie doch irgendjemand gerettet, als sie zum ersten Mal so litt.

Und als mich mitten in dieser Auflösung alles Vertrauten C.s Blick traf, sah ich, dass es in und hinter all dem Entsetzen, hinter allem Leid, inmitten dieses zersplitternden Grauens etwas anderes gab – etwas unendlich Freies, Ruhiges, Atmendes.

Etwas wie unzerstörbares Leben und grenzenlosen Frieden.

Seitdem bin ich auf der Suche danach.

Chorus I

An manchen Abenden versammelten wir uns in einem Raum, der durch Säulen und Kreuzgewölbe wie eine Krypta oder eine verborgene Quelle anmutete. In seiner Mitte war ein großes, kreisrundes Wasserbecken eingelassen, das tagsüber von uns als Pool genutzt werden konnte.

Abends aber stellten wir Kerzen um diesen heimlichen See, legten uns auf die vorbereiteten Liegen und Decken, schauten in das Wasser, sprachen leise oder schwiegen und hörten Musik.

Da hörte ich zum ersten Mal das Lied von der Alten Frau.

Webt und heilt
Die alte Frau passt auf, sie achtet auf dich.
In der Dunkelheit des Sturms passt sie auf.
Sie webt, sie heilt, sie sammelt die Farben.
Sie passt auf dich auf.

So webt und heilt,
rettet die Bruchstücke
und schließt den Heiligen Kreis, Schwestern!

Webt und sammelt, webt und sammelt,
o Frauen, webt und sammelt!

Die alte Frau webt, sie verbindet die Fäden.
Ihre Knochen sind der Webstuhl.
Sie passt auf, sie webt, sie sammelt die Farben.
Sie passt auf dich auf.

So webt und heilt,
rettet die Bruchstücke
und schließt den Heiligen Kreis, Schwestern!
Webt und sammelt, webt und sammelt,
o Frauen, webt und sammelt!

Seit Jahren habe ich sie gesucht,
habe auf die alte Frau gewartet,
habe mich verloren gefühlt und so allein,
ich habe sie gesucht.
Nun finde ich sie, sie webt und sammelt die Farben,
nun finde ich sie in mir selbst.

So webt und heilt,
rettet die Bruchstücke
und schließt den Heiligen Kreis, Schwestern!
Webt und sammelt, webt und sammelt,
o Frauen, webt und sammelt!

Die klagenden und dann wieder tröstenden Stimmen der Sängerinnen schwebten über das Wasser in dem sanften Licht der Kerzen. Durch das hohe Gewölbe wurden die Klänge weit und groß, schienen uns mitzutragen in urzeitliche Vergangenheit und ersehnte Zukunft. Die Melodie, der Gesang, die Worte berührten mich tief, als sänge eine der Stimmen auch in mir und verwöbe sich mit einem unendlichen Chor, der Zeiten und Räume singend vereinte. Das gab es also. Das kannten andere also auch. Dieses Gefühl, zersplittert zu sein, aus einzelnen Stücken und Fragmenten zu bestehen, die mühsam umkleidet werden mit einer Art Identität, damit alle anderen etwas zu sehen, anzusprechen und zu beschreiben hätten. Ich hätte nicht zu sagen gewusst, wer ich denn nun eigentlich bin. Sicher war ich nie so fragmentiert, zersplittert, aufgelöst wie Regina. Aber doch, ich fühlte sehr genau, wovon dieser Chor sang.

Vor allem fühlte ich die Sehnsucht. Wer würde mich wieder zusammenfügen? Gab es jemanden, der oder die wirklich acht gab auf mich? Gab es in oder außerhalb dieser Welt einen Ort, wo all die vielen Splitter und Fragmente und Bruchstücke, die Farben und zarten Gesichter, die ersten Worte und die stummen Schreie bewahrt und behütet wurden? Gab es wirklich jemanden, die oder der meine Freundinnen Caro und Regina, der die anderen aus der Gruppe nicht nur schützte, sondern sie heilen konnte? Der oder die ihre Seelen und ihre Leiber wieder zusammenweben könnte, so dass sie wieder so heil und schön würden, wie sie einst erdacht worden waren?

Die alte Frau passt auf, sie achtet auf dich.
Sie webt, sie heilt, sie sammelt die Bruchstücke.
Sie passt auf dich auf.

Ich hatte von ihr, dieser Alten Frau, schon früher gehört. Als Kind las ich leidenschaftlich gern die griechischen Sagen der Antike. »Nornen« wurden da drei Frauen genannt, die Alten, die seit je unter der Erde saßen und spannen und webten. Sie webten den Lebensteppich jedes und jeder Einzelnen, bis zuletzt der Faden abgeschnitten wurde. Etwas unheimlich erschienen sie mir damals, so mitleidlos, so entfernt von Licht und Liebe. Als wären sie gänzlich unberührt von ihrem Tun. Als sei es nicht ihre Verantwortung, dass sie mit ihrem Spinnen, Weben und Abschneiden über Leben und Tod entschieden.

Als folgten sie selbst einer höheren Macht. Welcher?

In der Schule lernten wir das andere Lied vom Weben, das große Weberlied. Keine alten Frauen diesmal, sondern zornige Männer, die da sangen, stampften und donnerten mit ihren rauen Stimmen, wir weben, wir weben. Im Angesicht von Entwürdigung und Knechtschaft saßen sie an ihren Webstühlen im 19. Jahrhundert und machten ihren verhassten Beruf zur Waffe: »Deutschland, wir weben dein Leichentuch, wir weben hinein den dreifachen Fluch!« Wieder umgab Dunkles und Erbarmungsloses dieses Weben. Die Weberin, der Weber als zornige Vollstreckerin des göttlichen Strafgerichts, wer immer dieser Richtergott auch sein mochte.

Noch später dann das Wortgewebe der hochverehrten *Else Lasker-Schüler,* der Text, der zum Textil wird und umgekehrt:

Ein alter Tibetteppich

Deine Seele, die die meine liebet,
Ist verwirkt mit ihr im Teppichtibet.
Strahl in Strahl, verliebte Farben,
Sterne, die sich himmellang umwarben.
Unsere Füße ruhen auf der Kostbarkeit,
Maschentausendabertausendweit.
Süßer Lamasohn auf Moschuspflanzenthron,
Wie lange küßt dein Mund den meinen wohl
Und Wang die Wange buntgeknüpfte Zeiten schon?

Unvergleichliche Else Lasker-Schüler, die die Fäden ihrer Buchstaben zu einer orientalischen Liebeserklärung verwebt, ein Gedicht wie ein Zauberteppich und darauf der glutäugige Prinz aus dem Morgenland. Ich wusste damals nicht, wie weben geht – heute habe ich drei verschiedene Webstühle und beginne zu begreifen, was weben eigentlich ist. Aber ich konnte es schon damals spüren im lauten Lesen dieser Textur. Konnte spüren, dass hier eine Verbindung gemeint ist, die den Tanz der Sterne und das kreisenden Blut in meinen Adern in gleicher Harmonie führt und leitet und dass der Atemzug des Meeres derselbe ist wie der Hauch, der meine Nasenflügel streift. Ich liebte dieses Gedicht und die doppelte Bedeutung der »verwirkten Seele«.

So fühlte sich meine Seele auch an. Verwirkt. Ein altes Wort für: verloren. Nicht aufgepasst. Schuldig geworden. »Du hast dein Leben verwirkt« war der wiederkehrende Satz in alten Märchenbüchern, wenn der Held seine Aufgabe nicht lösen konnte (und dann am Ende ja doch meist gerettet wurde, vermutlich sogar durch den oder die, die am Webstuhl saß).

Verwirkt bedeutet aber eben auch: nicht abgeschnitten. Ein Fehler vielleicht, eine Unebenheit in einem Teppich, aber doch nicht verloren. Sondern verwirkt, verwoben, eingewoben in ein Ganzes. Andere halten dich, bis du dein Muster wieder findest.

Diese zweite Bedeutung wurde mir erst hier an diesem klingenden See in der Nacht bewusst. Ich war ja nicht allein. Andere saßen da auch an diesem See, lauschten wie ich, litten wie ich (und mehr), hatten verwirkte Seelen wie ich, suchten wie ich.

Da saßen oder lagen wir still im Kreis um diesen kleinen See herum, manchmal summten wir mit – bis eine aufstand und noch eine und wir im Kreis standen, uns ansahen und für einen Augenblick spürten, wovon der Chor sang:

Rettet die Bruchstücke
und schließt den Heiligen Kreis,
Schwestern.

Konnte es also sein, dass ausgerechnet unsere zerbrochenen Leben, unsere teilweise verwirrten Seelen Teil eines »Heiligen Kreises« waren?

Und was ist das überhaupt: der Heilige Kreis?

Erste Bilder, die sich schnell einstellen:

Der große Steinkreis, *Stonehenge,* in England. Die kreisrunden *Nuraghen* auf Sardinien; riesige, kreisförmige Formationen, die nur aus der Luft auf brachliegenden Feldern zu erkennen sind. Die Ringe, die sich Liebende schenken. Die Kreisform altiranischer Städte, die zugleich Heiligtümer Gottes sind. Die uralten Kreistänze, mit denen die Tanzenden sich mit dem Kosmos und dem Tanz der Sterne verbinden. Der griechische Uroboros, die Schlange, die in kreisrunder Krümmung ihren eigenen Schwanz verschlingt und als Inbild der Ewigkeit gilt. Als solche hat es der Uroboros über das antike Griechenland bis in manche christlichen Kirchen geschafft, meist ringelt er sich hoch oben über den Türen als Zeichen dafür, dass ein vollendetes Leben in der Gegenwart des Einen Gottes in Ewigkeiten bleibt.

Aber was hatte das mit uns zu tun, die wir uns so gar nicht als »eins« und »ewig« fühlten, sondern als zersprengt und befleckt und unzulänglich? Und doch standen wir da im Kreis, sangen das Lied von der alten Weberin und bildeten real ab, was wir nicht, noch nicht fühlen konnten.

So webt und heilt,
rettet die Bruchstücke
und schließt den Heiligen Kreis,

Schwestern!
Webt und sammelt, webt und sammelt,
o Frauen, webt und sammelt!

Die wichtigste Botschaft: Eure Ohnmacht kann ein Weg sein.

Nicht: Es gibt einen Weg aus der Ohnmacht.

Daran glaubte ich oft nicht mehr, die fühlte sich zu allumfassend an. Aber dass die Ohnmacht selbst der Weg sein könnte, das war neu, kaum zu denken, mit anderem Sinn als den sonst gebräuchlichen vielleicht zu ersinnen. Dieser Ohnmachtsweg war in der Tat für mich zunächst nicht intellektuell fassbar. Er war nur zu gehen. Und da es keinen anderen gab, vertraute ich mich ihm an.

2

Wir sind viele

Lange habe ich gedacht, ich wäre einfach verrückt.

Ich war noch sehr jung – vielleicht neun oder zehn Jahre alt –, als ich anfing, meine ersten Gedichte zu schreiben. Sie handelten meist von einer Glasglocke, in der ich gefangen war. Ich konnte alle und alles sehen, konnte sie sogar hören, aber ich selbst konnte mich nicht verständlich machen. Niemand hörte mich, denn die Glasglocke war seltsamerweise einseitig schalldicht. Mein Rufen, mein Flüstern und Schreien drang nicht hinaus.

Dann fing ich an, Bilder zu malen. An eines erinnere ich mich immer wieder: der Hintergrund vollkommen blauschwarz, ab und zu funkeln einzelne Lichtpunkte wie Sterne im Universum. Von links schiebt sich eine Art Spiralnebel ins Bild, wie er den Saturn oder vielleicht auch andere Planeten umkreist. Und auf diesem Spiralnebel, ganz am Rand, kurz vor dem Absturz in die endlose Finsternis, steht ein kleiner, nackter Mensch. Winzig angesichts dieser unendlichen Einsamkeit. Das war ich. Und das war mein Lebensgefühl. Noch mehr alleine geht nicht.

Einzelne Erinnerungen begleiteten mich wie starre Fotos oder Überblendungen meines Alltagsbewusstseins.

Ein kleines Mädchen, vielleicht vier oder fünf Jahre alt, steht vor einem riesigen Haus, fünf gewaltige Stockwerke hoch. Das Kind schaut nach oben, soweit es kann, nach oben zu dem geöffneten Fenster im obersten Stock – und es weint. Es fleht die Mutter da oben, doch bitte, bitte die Tür zu öffnen. Die Mutter schreit etwas herunter, schlägt das Fenster zu. Die Tür öffnet sich nicht. Das Mädchen weint verzweifelt, bis eine andere Erwachsene nochmal klingelt, mit der Mutter spricht. Die Tür öffnet sich, das Kind läuft die vielen Treppen nach oben, versucht, so lieb wie möglich zu sein. Vergeblich. Mutter dreht sich weg und schweigt. Tagelang. Das war ihre Art der Bestrafung. Tagelanges Schweigen.

Das andere Bild: Das Kind, nun schon ein junges Mädchen von dreizehn Jahren, kommt nach der Schule nach Hause. Die Mutter sitzt in der Küche auf dem Küchentisch und weint, wie sie noch nie geweint hat. Das Mädchen versteht nicht, ist zutiefst erschrocken, stürzt zu der Mutter, glaubt, dass der Vater gestorben sei.

Die Mutter weint, nein, sie heult, heult wirklich wie ein Hund oder ein Wolf, ihre Stimme überschlägt sich, sie kann kaum mehr atmen. Das Kind fürchtet nun in gleicher Weise um die Mutter wie um den Vater, der Vater ist nicht da, die Mutter nicht mehr bei sich und schon gar nicht bei dem Kind.

Irgendwann, gefühlt ewigkeitenlang, beruhigt sich die Mutter etwas, hält das Kind ganz fest, erdrückt es fast und sagt, dass sie einen anderen Mann liebe.

Das Mädchen versteht nicht. Wird aber augenblicklich ganz ruhig. Als wäre ein Schalter umgelegt. Die entsetzliche Angst ist plötzlich verschwunden, was bleibt ist – nichts. Gar nichts. Das Mädchen funktioniert. Stellt die Schultasche ins Zimmer, macht das Essen warm, isst etwas. Macht die Schulaufgaben. Hört eine Schallplatte. Dann kommt der Vater. Die Mutter sitzt auf dem Sofa, das Kind vor dem Plattenspieler. Beide sprechen nicht, wie auch, dass Kind ist gar nicht mehr da, die Mutter sowieso nicht. Der Vater kniet sich zu dem Kind, will es in die Arme nehmen. Das Kind schiebt ihn weg, es will seine Platte hören. Es will nicht berührt werden.

Auch dieses Bild ist wie festgefroren in meinem Gedächtnis.

Danach wurde nur noch über organisatorische Fragen gesprochen. Wo ich wohnen sollte (war mir egal), welche Möbel ich brauchen würde, wann ich wo sein würde. War mir auch egal.

Das nächste Bild.

Ein junges Mädchen – nun schon so fünfzehn oder sechzehn Jahre alt – ist allein in der elterlichen Wohnung (die Eltern sind ein Jahr nach der ersten Trennung wieder zusammengezogen, um sich dann erneut zu trennen). Es ist so still, dass die Stille wehtut.

Das Mädchen kauert auf dem Boden, presst sich die Hand auf den Mund, dann kann sie nicht mehr und beginnt, laut zu weinen. Das hält sie aber nicht aus, das Überfluten, der andrängende Schrei wird sie in tausend Stücke zerreißen. Sie stürzt zum Brotkasten, zum Kühlschrank, zum Wasserhahn, isst und trinkt, so viel sie kann, rennt zur Toilette, erbricht sich. Ist dann wieder klar und vollkommen ruhig. Bis es in ein paar Stunden wieder losgehen wird.

(Dass dieses Verhalten Bulimie genannt wird, erfuhr ich erst viele Jahre später, aber da hatte ich schon die Vorteile der Magersucht entdeckt. Die Nachteile entdecke ich bis heute).

Noch ein Bild.

Schülerinnen und Schüler der Klasse 10d in einem Klassenraum. Die Fenster sind abgedunkelt. Im Geschichtsunterricht wird ein Film gezeigt. Befreiung des Konzentrationslagers Auschwitz durch die russische Armee im Januar 1945. Originalaufnahmen flimmern über die Leinwand des Klassenzimmers. Mit unscharfem Bild, aber überdeutlich – die Leichenberge, die von einer Art Bagger auf einen Laster geschaufelt werden. Tote Menschen. Jüdische Menschen.

Das Mädchen starrt auf die Leinwand. Auch noch, als das Licht längst wieder an ist und der Geschichtslehrer mit den Schülerinnen und Schüler über ihre Eindrücke spricht. Das Mädchen starrt. Erstarrt.

Läuft in den nächsten Tagen durch die Welt wie eine Außerirdische. Denn es kann unmöglich sein, dass diese Welt, in der sie bisher als sechzehnjährige Gymnasiastin lebte, dieselbe Welt ist wie die, in der tote Menschen mit Baggern auf Lastwagen geschaufelt werden. Das Mädchen lebt nun in der Bagger-Welt. Die andere Welt mit Schule und Hausaufgaben ist irreal. Das weiß nur niemand, außer diesem Mädchen, in dessen Kopf der Bagger ununterbrochen weiterschaufelt.

Es ist unmöglich, über diese Bilder zu sprechen. Es ist zu irrsinnig. Zu wahnsinnig. Wer sollte ihr glauben?

So funktioniert sie weiter. Aber spätestens seit dieser Zeit war dem Mädchen und war mir klar, dass wir sozusagen gleichzeitig auf mehreren Ebenen lebten. Wie zwei oder drei oder vier Filme, die ganz parallel laufen, und das Mädchen spielt in allen Filmen mit – ganz gleichzeitig, auch wenn sie völlig unterschiedliche Rollen spielte.

Da war die Rolle: Ich bin die Tochter, die ruhig und fast kühl die Launen der Mutter erträgt, die mit ihrem ewigen Schweigen, ihrer Depression und ihren Schuldzuweisungen (»Du hast mein Leben zerstört« oder »Immer lässt du mich allein, alle lassen mich immer allein!«) und ihren plötzlichen Ausbrüchen jeden Tag in der elterlichen Wohnung zu einem unkalkulierbaren Drama machen konnte.

Ein unabsichtliches falsches Wort, manchmal auch einfach die bloße Anwesenheit des Mädchens konnte bei der Mutter eine Katastrophe auslösen: Heulen, Schmerzen (sie hatte immer Schmerzen, Kopfschmerzen) oder im Gegenteil eiskaltes Schweigen und völlige Nichtbeachtung, was dazu führte, dass das Mädchen oft nicht ganz sicher war, ob es wirklich existierte.

Eine andere Rolle: das Mädchen als sehr gute Schülerin. Klassenbeste, Schulbeste, Klassensprecherin, Schulsprecherin, immer aktiv, Theater-AG, Anti-Drogen-AG (bis wir das Kiffen entdeckten), politisch aktiv, auf jeder Demo gegen Atomkraft oder den Nato-Doppelbeschluss ganz weit vorne mit selbstgemalten Transparenten.

Dann: die gute Freundin für alle. Immer zum Zuhören bereit, immer gewillt, erste Beziehungskrisen in der pubertären Wirrnis zu bearbeiten, selbst für manche Lehrer und Lehrerinnen eine willkommene Ansprechpartnerin, wenn sie über die Mühen ihres Berufes klagen wollten. Immer verständnisvoll. Immer vernünftig und – großes Kompliment, so glaubte sie damals – ihrem Alter weit voraus. Wenn schon nicht hübsch, dann doch wenigstens unentbehrlich – eine erprobte Strategie des Mädchens. Denn dass sie nicht hübsch war, wusste sie von ihrer Mutter. Das war nun mal so.

Und schließlich und eigentlich: das Mädchen im Abgrund. Oben fuhr der Bagger. Oben am Rand stapelten sich die Leichen. Oben zeterte die Mutter oder drohte der Krieg, oben schaute der Vater traurig oder schrieben des Mädchens Stellvertreterinnen (wie viele?) gute Zensuren und erledigten alle Aufträge zur vollsten Zufriedenheit aller.

Aber das Mädchen selbst – ich? – kauerte am Grund eines tiefen, für niemanden einsehbaren Abgrunds, in dem es völlig finster, leer und geräuschlos war. Totenstill, leerer als ein Grab.

Hier lebte sie, die in dieser Zeit die Einzige war, die mit »Ich« zu benennen wäre.

Der Zusammenbruch folgte zwei oder drei Jahre später.

Meine zweite Reise nach Israel – immer war ich auf der Suche nach solchen, die mir etwas über Bagger und Leichen erzählen konnten, die mir bestätigten, dass es das wirklich gegeben hatte und nicht nur finsterste Ausgeburt meines kranken Hirnes war. Ich fand Freundinnen und Freunde unter den Jüdinnen und Juden in Berlin und durch deren Vermittlung eine jüdische Familie in Jerusalem, die mich aufnahm. Der Vater, polnischer Jude, hatte die Schoa überlebt und war nach Israel emigriert. Die Mutter, eine marokkanische Jüdin, laut und dick und urmuttergleich, nahm mich sofort in ihr Herz und erkannte ein schutzbedürftiges Vögelchen, ohne dass ich etwas sagen musste. Dass ich Deutsche war, war ihr völlig egal.

Ich ahnte zum ersten Mal, wie es sich anfühlen mochte, irgendwo zu Hause zu ein. Eingebettet in halbwegs stabile familiäre Strukturen und in einen Sinnzusammenhang, der sich aus überlebter Vergangenheit und gelebter Gegenwart ergab, empfand ich Zugehörigkeit und wagte zu glauben, dass es eine Befreiung aus meinem dunklen Schacht geben könnte. Dass die, die etwas wussten von dem Entsetzen und trotzdem lebten, auch mich wieder ins Leben und ins Licht führen könnten.

Ich fand eine Perspektive. Hier wollte ich mir ein Leben aufbauen, gemeinsam mit jenen, die von Auschwitz wussten und trotzdem lebten. Gerade deshalb lebten. Wollte mich zum ersten Mal herantasten an das, was meine Freunde »Gott« nannten. Ging mit ihnen in die Synagoge. War fasziniert und wissbegierig, hoffnungsvoll.

Und dann geschah, was nicht hätte geschehen dürfen. Zur falschen Zeit an einem einsamen Ort, ein arabischer junger Mann und viel Gewalt. Und als hätte das nicht genügt: sexuelle Ausbeutung ausgerechnet durch einen der erwachsenen Söhne jener Familie, in der ich mich so geborgen fühlte. Ein jüdischer junger Mann. Ein Jude in einer Familie von Schoa-Überlebenden, denen ich meine ganze kindliche Liebe darbringen wollte, denen ich sogar mein Leben geben wollte.

Aber nicht so.

Das reichte dann. Das konnte ich nicht mehr verstehen.

Ich flog nach Hause zurück und aß nicht mehr.

So lange, bis niemand mehr etwas von mir verlangte und alle nur wollten, dass ich doch endlich wieder essen sollte. Das wollte ich keineswegs. Ich wollte nicht noch einmal fühlen müssen, nicht noch einmal den Abgrund spüren, nicht noch einmal in diese unendliche Einsamkeit.

Wer nicht isst, fühlt nicht. Das war gut.

Noch immer hätte ich nicht zu sagen gewusst, was genau mir eigentlich fehlte. Noch immer schoben sich einfach Filme und Bilder ineinander, noch immer versuchte ich, äußerlich unangreifbar zu wirken. Je dünner ich wurde, desto besser gelang mir das. Abgeklärt, fertig, wunschlos und noch dazu ästhetisch deutlich ansprechender als in der Schulzeit. Fand ich.

Es hätte so bleiben und so enden können.

Wäre ich nicht in Berührung gekommen mit meinem unkontrollierbaren, zerstörerischen, flammendem Zorn. Ein Zorn, der sich ebenso verheerend wie lebendig anfühlte. Der sich überhaupt nach irgendetwas anfühlte, das mir richtig erschien. Das zu mir gehörte und bei mir bleiben sollte und mich zugleich weit aus mir herausriss, mich von mir selbst für einen Augenblick zu befreien schien. Ich fühlte mich wie eine rasende Flamme, war tobendes Feuer.

Ich habe den Auslöser des Zorns immer wieder beschrieben und noch heute weiß ich genau, wie es geschah. Noch immer sehe ich wirklich loderndes Rot vor mir, wenn ich an dieses leere Krankenhauszimmer denke, an das frische Krankenbett, das so eben aus der Sterilisation gekommen war.

Bis gestern hatte dort meine Freundin Corina gelegen. An Schläuche und Sonden angeschlossen, trotzdem bei vollem Bewusstsein, frech und lustig wie immer. Wir hatten gelacht und rumgeblödelt, ob es wohl ein oder zwei Kilos wert wäre, wenn sie dann hier rauskäme und wir endlich wieder in unsere Lieblingskneipe gehen könnten

– um dort stundenlang bei einem Glas Wasser zu sitzen und die Bedienung zu nerven.

Corina und ich hatten uns in einer jener völlig sinnfreien Selbsthilfegruppen einer therapeutischen Organisation getroffen, die ernsthaft glaubte, dass sich hochgradig essgestörte junge Menschen ohne therapeutische Begleitung (!) selbst heilen könnten. Wir trafen uns als gesamte Gruppe genau zweimal, danach trafen sich die Adipösen zum Essen, die Bulimikerinnen zu beidem und die Magersüchtigen – Corina und ich – auf ein Glas Wasser.

Corina war schön. Zart wie eine Elfe, die Augen grau schimmernd in dem mageren Gesichtchen, feines Haar wie gesponnenes Gold auf den Schultern, die jeden Knochen, jede Sehne überdeutlich offenbarten. Corina hatte viel mehr geschafft als ich, sie war mindestens zehn Kilo leichter als ich, obwohl sie etwas größer war. Wir malten uns aus, wie wir aller Welt entrinnen wollten und irgendwo ein heimliches Paradies finden würden, in dem wir völlig autark leben und unser Gemüse anbauen und frisches Brot backen würden (niemals hätten wir frisches Brot gegessen, aber die Vorstellung gehörte zum Traum dazu).

Als Corina dann nicht mehr kam, besuchte ich sie im Krankenhaus, jeden Tag.

Bis nur das frisch desinfizierte Bett dort stand und all ihre Bilder von den Wänden verschwunden waren.

Ich lief zu der Schwester. Dicke Frau, mürrisches Gesicht, festgewachsen auf einem Stuhl in ihrem Glaskasten. »Wo ist Corina?«

»Wieso?«

Was ist das? Eine Frage? Eine Beleidigung?

»Weil ich sie besuchen will.«

»Geht nicht.«

Das habe ich nicht gehört. Das kann die Dicke nicht gesagt haben. So tun, als wäre nichts gewesen.

»Ich möchte gern Corina besuchen.«

»Geht nicht, sag ich doch.«

Irgendwo in meiner Mitte ballt sich ein harter Knoten, wird warm, wird heiß, beginnt um sich selbst zu rotieren wie eine glühende Sonne. Mein Gesicht glüht, ich spüre es. Meine Haut kribbelt am ganzen Körper, als würden Stromstöße hindurchgejagt.

Ich versuche immer noch, ganz ruhig zu bleiben, obwohl ich kotzen könnte vor Ekel und Wut.

»Könnten Sie mir bitte sagen, warum ich Corina nicht besuchen kann? Ich war doch jeden Tag hier.«

»Weil sie tot ist.«

Sprach's und dreht mir ihren überquellenden Rücken zu.

Das ist zu viel.

In mir explodiert etwas, ich explodiere. Brülle sie an, wie ich noch nie in meinem Leben einen Menschen angebrüllt habe, schreie sie an, was sie mit meiner Freundin gemacht hat, wo Corina jetzt ist, ich will zu ihr, verdammt noch mal, kralle mich an der Rückenlehne ihres Stuhles fest, schüttele diesen Fleischberg vor mir, sehe rot und schwarz und Feuer und würde sie würgen und beißen und sie verbrennen in meinem schreienden Zorn, wenn ich könnte.

Bevor ich kann, zieht mich ein Pfleger zurück, bringt mich in ein anderes Zimmer, hält mich fest, bis ein Arzt kommt.

Bis dahin habe ich mich längst wieder in der Gewalt (was für ein Wort). Der Mann hält eine leere Hülle fest und merkt es nicht. Mein Geist hat sich zusammengezogen zu einem Punkt hinter meiner Stirn, dort denke ich klar und präzise.

Ich muss hier raus, also muss ich mich anständig benehmen. Irgendwo ganz weit hinten in meinem Kopf weiß ich auch, dass Corina nicht das Opfer adipöser Pflegekräfte geworden ist, sondern an den Folgen ihrer Magersucht gestorben ist. Ich bin nur so völlig überrascht, dass es das wirklich gibt. Dass wir tatsächlich sterben könnten. Natürlich haben wir das immer gewusst. Haben auch immer damit kokettiert, uns ausgemalt, wie wir im Sarg gekleidet sein wollten.

Aber ich habe doch nicht gedacht, dass es wirklich passieren könnte.

Ausgerechnet durch Corinas Tod sind mindestens zwei oder drei »Filmspulen« wieder zusammengeschaltet worden, ein paar Puzzleteile wieder zusammengefügt und in den hellen Flammen meines Zorns nahtlos zusammengeschweißt worden.

Ich konnte nicht mehr so tun, als wäre das Hungern unter meiner Kontrolle. Das hatte Corina auch gedacht. Jedenfalls haben wir so geredet. Haben wir es geglaubt? Ja, doch. Mit einem Teil unserer verrückten Person schon.

Und nun war mitten in meinem lodernden Zorn irgendein Bewusstseinsteil wieder aktiviert worden, der mir unbarmherzig zeigte, dass ich nichts, gar nichts unter Kontrolle hatte. Das Hungern nicht, mich nicht, den Tod nicht, mein Leben noch weniger und auch nicht den Bagger, der sofort wieder Fahrt aufnahm.

Jetzt suchte ich Hilfe.

Und es begann dieser Weg, der noch immer andauert. Begegnungen mit mir, mit meiner Familie und meiner Geschichte.

Die Erkenntnis, dass das, was ich erlebt hatte, gar nicht verrückt und »krank« war, sondern eine Möglichkeit zu überleben.

Ich traf andere, meistens Frauen, denen es ebenso ging. Die genau verstanden, wovon ich redete, wenn ich »Abgrund« sagte, wenn ich von den verschiedenen gleichzeitigen Ebenen meiner Wahrnehmung sprach, wenn ich das Lied sang: So webt und heilt, sammelt die Bruchstücke zusammen.

Las Bücher, in denen ich Worte fand, die meine eigenen hätten sein können.

Traute mich zu glauben, dass das, was ich fühlte, keineswegs nur ein Symptom einer äußerst peinlichen, unbedingt zu verbergenden Absonderlichkeit war. Sondern dass es für dieses Erleben Begriffe wie »Trauma« und »Belastungsstörung« und »Dissoziation« gab. Und dass es Menschen gab, die darüber reden und schreiben konnten. Mit denen vielleicht auch ich reden könnte.

Ich traf Caro und Regina und all die anderen. Hörte, dass es Wege gab, etwas mehr Distanz zu unserem inneren Grauen herzustellen.

Vor allem aber ahnte ich ganz vorsichtig, dass ich mit alldem gar nicht so allein war, wie ich glaubte.

Mit Caro und Regina und all den anderen lernte ich, dass wir viele waren und doch verbunden waren. Und dass, wenn wir einander wagten zu vertrauen, die Einsamkeit durchbrochen werden könnte.

Vor allem aber lernte ich nach *Einem* zu fragen, der alles Zerbrochene und Verwundete zusammensammelte, heilte, wieder zu *Einem* machte.

Ich fragte nach der *Alten Frau,* fand immer mehr Hinweise und Wegweiser und ließ mich von Ihr rufen.

3

Der Schrecken Isaaks

Und gingen die beiden miteinander.

Dieser Satz hat einen eigenen Rhythmus, wie ein leiser gleichbleibender Trommelschlag. *Und gingen die beiden miteinander. Und gingen die beiden miteinander. Und gingen ...* Ein Cantus firmus und eine atemberaubende Geschichte. Ein Herzschlag unter blankliegenden Nerven. Ein wiederkehrender Atemzug unter dem entsetzten Aufschrei. *Und gingen die beiden miteinander ...*

Abraham geht. Abraham, der Stammvater Israels, der erste wirklich Glaubende. Der, den Juden, Christen und Muslime in gleicher Weise verehren als Vater ihrer Traditionen. Abraham war ein überaus wohlhabender und hochangesehener Nomadenfürst, der vor ungefähr viertausend Jahren zwischen den Ländern umherzog, die heute Israel, Palästina, Libanon und Ägypten heißen. Ob Abraham und seine Familie historisch »echt« sind oder nicht, spielt für glaubende Menschen eine untergeordnete Rolle. Wichtiger ist die Frage, welche Botschaft in der Geschichte enthalten ist – denn als Vermittlerin einer Botschaft, einer Weisung, einer Lebenshilfe ist diese wie alle anderen biblischen Geschichten *wahr*. Welche historischen und naturkundlichen Sachverhalte sich in biblischen Geschichten spiegeln, ist eine andere Frage, deren Ebene für Historiker*innen, Geograf*innen, Ethnolog*innen, Archäolog*innen und andere Wissenschaftler*innen wichtig ist, für meine Überlegungen hier aber erstmal nicht von Bedeutung ist. Wichtiger ist, was Abraham und seiner Familie widerfahren ist – und was das für uns bedeutet.

Abraham also. Sein Name bedeutet so viel wie: »Mein Vater ist erhaben«. In diesem Namen wird die so wesentliche Bedeutung dieses Nomaden für die gesamte Geschichte der monotheistischen Religionen deutlich: Denn in der Tat sagt die Überlieferung, dass Abraham der Erste war, dem sich der Eine Gott Israels offenbart hat. In der Zeit der biblischen Geschichte und bis weit in die Geschichte des ersten nachchristlichen Jahrtausends hinein war es selbstverständlich, dass die Völker und Hochkulturen dieser Regionen zu vielen verschiedenen Göttern in Beziehung standen, mit denen sie durch wiederkehrende Rituale und große Opferfeste in kunstvoll gebauten Tempeln verbunden waren. Und nun also Abraham, der eines Tages den Ruf eines ihm unbekannten Gottes vernimmt, der ihm, dem Nomaden, eine unfassbar große Nachkommenschaft verheißt. Das muss Abraham überwältigt haben – denn er hatte zwar riesige Herden, sehr viel Besitz und vermutlich mehr als nur die eine Frau, aber er hatte kein Kind. Das war eine ungeheure Kränkung, denn so war absehbar, dass sein Ruhm und sein Reichtümer an seine Brüder übergehen würden.

Nun aber hatte er das Versprechen. Es würde einen Sohn geben. Und so geschah es. Nachdem Abraham und Sara diesem neuen Gott, diesem *Einen Gott,* vertraut hatten, bekam Sara den ersehnten Sohn, obwohl sie und auch Abraham längst das gebär- und zeugungsfähige Alter überschritten hatten.

Isaak heißt der Knabe, das »Lachen«, denn ein Lachen kam mit ihm in die Welt. Die beiden Alten müssen das Kind über alles geliebt haben und ihren so großzügigen, wundertätigen Gott gleich dazu.

Bis eines Tages ein neuer Ruf dieses Gottes an Abraham ergeht, der alles sprengt und auslöschen muss, was ein Mensch an Vertrauen und Liebe aufbringen kann.

So steht es geschrieben (1 Mose 22,1b–2, Lutherbibel 1984):

Gott sprach zu Abraham: Abraham! Und er antwortete: Hier bin ich. Und er sprach: Nimm Isaak, deinen einzigen Sohn, den du lieb hast, und geh hin in das Land Morija und opfere ihn dort zum Brandopfer auf einem Berge, den ich dir sagen werde.

Abraham hört und wir hören in unbeschreiblicher Kargheit: »Nimm deinen Sohn, den einzigen, den du lieb hast, Isaak, und opfere ihn zum Brandopfer, dort, wo ich es dir sagen werde.«

Dreifach die präzise Beschreibung des Befehls, damit nur kein Irrtum auftritt. »Den Sohn, den du lieb hast.« Das ist Isaak. Ismael, der Sohn der Sklavin Hagar, ist ja schon fort. Dennoch wird der Name Isaak noch einmal ausdrücklich gesagt: Ja, Isaak, eben der. Du verhörst dich nicht. Geh und opfere ihn.

Kein Ausweichen ins Nicht-Verstehen ist möglich, nichts bleibt offen, nichts im Vielleicht. Hier und jetzt fordere ich dein Leben.

Sagt dieser Gott. Dieser Eine Gott Abrahams. Dieser Eine Gott Israels. Diese Eine Gott, den Juden und Christen und auch Muslime bist heute als ihren Gott anbeten und von Ihm Rettung und Heil und Ewiges Leben erwarten.

Hier und jetzt fordere ich dein Leben.

Wie kann dieser Gott retten, wenn er vernichtet?

Wer bist du, du Gott, der du Gott des Lichtes genannt wirst und Finsternis verbreitest?

Du Gott des Lebens – forderst den Tod des eigenen Kindes?

Es geht in dieser Geschichte um alles. Um die Frage, ob es einen Gott gibt, der uns retten kann. Oder ob dieser Rettergott in Wahrheit ein zynischer Gott ist, der unser Leben, schlimmer – unser Liebstes fordert.

Dem es gleichgültig ist, ob wir leben oder sterben, wenn wir ihm nur gehorchen. Oder anders gesagt: Ein Gott, der uns so oder so fordert zum Tod.

Abraham ist weit über hundert Jahre alt (die jüdischen *Midraschim* sagen, Isaak sei zur Zeit des Geschehens bereits siebenunddreißig Jahre alt[1], dann wäre Abraham einhundertsiebenunddreißig Jahre alt), seine ganze Zukunft ist in diesem Sohn beschlossen. Nicht nur seine: Auch die Zukunft des Bundes mit Gott, der sich in den Nachkommen Isaaks fortsetzen soll.

Es geht also nicht nur um die Zukunft Abrahams und Isaaks, es geht um die Zukunft Gottes und damit um die Zukunft der ganzen Welt.

Alles Sein und Werden, Leben und Tod ist beschlossen in diesem Sohn Isaak. Unsere allerüberlebensnotwendigste Hoffnung, die Hoffnung, am Ende gerettet zu werden aus jedem Abgrund, liegt in ihm, Isaak, begründet.

Und dann sagt dieser Gott: Geh hin und opfere. Alles.

Und Abraham geht und mit ihm sein Sohn, den ganzen langen Weg bis zum Berge Morija, und Isaak trägt das Holz. Sie gehen meist schweigend, nur der Erzähler schlägt die dumpfe Trommel mit dem einen Satz: *Und gingen die beiden miteinander. Und gingen die beiden miteinander. Und gingen ...*

---

1 »Midrasch« (auf Deutsch: »Suche«) bezeichnet die jüdische Bibelauslegung, oft in narrativer, erzählender Form. So errechnet sich das Alter Isaaks: Die Bibel erzählt in 1 Mose 22 die Geschichte von der Bindung Isaaks zum Opfer, im darauf folgenden Kapitel 23 den Tod und die Bestattung Saras im Alter von 127 Jahren (1 Mose 22,1). Nach 1 Mose 17,17 war Sara 90 Jahre bei der Empfängnis des Isaak – damit ergibt sich 37 als Alter des Isaak bei Saras Tod und in der unmittelbar davor erzählten Bindung zum Opfer.

Viele Christen und Christinnen, Jüdinnen und Juden kennen diese Geschichte und meinen, dass sie »gut« ausgeht.

Denn am Ende wird Gott Isaak retten. Zwar wartet ER bis zum allerletzten Augenblick. Schon hat Abraham seinen Sohn tatsächlich auf einem Stein festgebunden, schon hat er sein Messer erhoben, schon will er wirklich tun, was dieser Gott von ihm verlangt – da ruft ein Engel den Abraham an, dass er es nicht tun soll, dass er das Messer wegstecken soll – denn nun wüsste Gott, dass Abraham ihm bedingungslos gehorche und nun sei er sozusagen für immer Sein Freund.

Und später wird Isaak heiraten und wird zwei Söhne zeugen mit Rebekka, und die Geschichte Gottes geht weiter. Mit diesem Gott. Und uns Menschen.

Christen sehen in dieser unfassbaren Begebenheit oft ein Vorbild für den Kreuzestod Jesu Christi. »Seht, den Isaak hat er verschont, seinen eigenen Sohn Jesus Christus hat er nicht verschont, sondern ihn für uns alle dahingegeben.« So die gängige christliche Deutung und mit so einem Gott können wir dann gern leben.

Aber so einfach ist das nicht.

Denn Gott hat den Isaak eben nicht verschont.

Wenn wir den entsprechenden Abschnitt im ersten Buch Mose im 22. Kapitel, Verse 1 bis 19, genau lesen, so nehmen wir wahr, dass die Erzählung nicht erwähnt, dass Isaak vom Berg heruntergekommen ist. Während in allen Versen zuvor sehr genau beschrieben wird, was Isaak sagt und tut und was mit ihm getan wird, so steht im letzten

Vers, Nr. 19, nur noch: *So kehrte Abraham zurück zu seinen Knechten. Und sie machten sich auf und zogen miteinander nach Beerscheba, und Abraham blieb daselbst* (1 Mose 22,19).

Wo ist Isaak?

Liegt er noch immer noch auf dem Gipfel des Berges, auf dem an seiner statt ein Widder geopfert wurde? Ist er ohnmächtig geworden und Abraham hat es nicht bemerkt, sondern ist einfach ohne ihn gegangen?

Ist Isaak einen anderen Weg gegangen, geflohen vielleicht, weil er mit so einem Vater, der ihn soeben ermorden wollte, nichts mehr zu tun haben wollte?

Oder ist es ihm ergangen wie so vielen traumatisierten Menschen, die im Augenblick einer unabwendbaren und tödlichen Gefahr oder unerträglicher Gewalterfahrung ihre Seele aufspalten und nie mehr dieselben sind wie vorher?

Und gingen die beiden *nicht* miteinander? Nie mehr?

Wir kennen die »richtige« Antwort nicht. Aber wir können sicher sein, dass die Verfasser dieser Erzählung, die so präzise und so reduziert knapp und eben dadurch so erschütternd erzählt wird, dass die Verfasser nicht einfach »vergessen« haben, von dem Abstieg Isaaks zu erzählen. Sie haben ihn nicht genannt, weil er nicht mehr vom Berg heruntergekommen ist.

Er taucht in der weiteren biblischen Erzählung dann erst wieder auf, als er seiner zukünftigen Frau Rebekka begegnet und eine eigene Familie gründet.

Wenn Isaak also auch nicht physisch ermordet wurde, so hat er doch ganz gewiss seine Seele verloren. Wie auch nicht, wenn er wachen Sinnes und klaren Verstandes erleben musste, dass sein eigener Vater bereit war, ihn mit einem Messer zu schlachten wie ein Opfertier? Um seinem Gott zu gefallen ...?

Oder wollte Abraham ganz im Gegenteil Seinen Gott herausfordern?

Die jüdische Tradition geht in der Beantwortung dieser Frage durchaus andere Wege als die christliche, in der Abraham weitgehend unhinterfragt als »Vater des Glaubens« gilt. Jüdische Gelehrte halten es dagegen für möglich, dass Abraham zwar bereit war, seinem Gott bis zum Letzten zu gehorchen, dass sich das Verhältnis der beiden aber danach verändert hatte. Seit dieser unfassbar dramatischen Geschichte leben viele jüdische Gläubige in der Vorstellung, dass Gott zwar das Recht habe, sie des Ungehorsams zu bezichtigen, dass sie als Menschen aber dasselbe Recht hätten, Gott des Wortbruchs anzuklagen. Dies umso mehr, als die sogenannte Opferung Israels nicht die einzige Opferung, nicht der einzige *Holocaust* (das heißt auf Deutsch: »Brandopfer«) in der Geschichte Israels bleiben sollte. Gerade die jüdische Theologie nach Auschwitz, dem millionenfachen Holocaust an jüdischen Menschen, hat sich in dieser Richtung geöffnet – mit zum Teil sehr überraschenden neuen Fragen und Begegnungen.

In einem der folgenden Kapitel gehen wir dieser Entwicklung nach, die ich auch für die spirituelle Begleitung traumatisierter Menschen für bedeutsam halte.

Im Übrigen ist Isaak in der biblischen Geschichte längst nicht der Einzige, der nicht trotz, sondern gerade durch seine Beziehung zum lebendigen Gott in existenzielle, lebensbedrohliche oder auch lebensfordernde Ereignisse gerissen wird.

Immer wieder gibt es Hinweise auf Kinder, Frauen und Männer, die lebensgefährlichen Gewaltsituationen ausgesetzt und nicht geschützt werden – durch Menschen nicht und ihren Gott auch nicht.

Und während viele Christinnen und Christen solche abgründigen und archaisch anmutenden Geschichten nur im Ersten Testament vermuten, begegnet uns eine ähnliche Geschichte gleich zu Beginn des Neuen Testaments – und ausgerechnet dort und dann, wenn in den christlichen Kirchen das liebliche Fest der Geburt Jesu im Stall von Bethlehem gefeiert wird. Meistens feiern wir aufwändig den Heiligen Abend, auch der erste Weihnachtsfeiertag, also der eigentliche Christtag, wird noch als Familienfest begangen, und dann ist Weihnachten für die meisten Menschen vorbei. Die andere, sehr dunkle Dimension dieses Ereignisses nimmt der liturgische Kalender der Kirchen allerdings sehr ernst, auch wenn sie zumindest in den evangelischen Gemeinden kaum noch wahrgenommen wird. Wo dieses dunklen Ereignisses aber gedacht wird, wird an jedem 28. Dezember – also drei Tage nach dem Christtag – folgender kurzer Abschnitt aus dem Matthäusevangelium gelesen:

Als Herodes nun sah, dass er von den Weisen betrogen
worden war, wurde er sehr zornig und schickte aus
und ließ alle Kinder in Bethlehem töten und in der
ganzen Gegend, die zweijährig und darunter waren,
nach der Zeit, die er von den Weisen genau erkundet
hatte. Da wurde erfüllt, was gesagt ist durch den Pro-
pheten Jeremia, der da spricht (Jeremia 31,15): ›In
Rama hat man ein Geschrei gehört, viel Weinen und
Wehklagen; Rachel beweinte ihre Kinder und will
sich nicht trösten lassen, denn es war aus mit ihnen.‹
(Matthäus 2,16–18)

Herodes, der judäische König und Günstling des römi-
sches Imperators, hatte von dem Kind gehört, das in Bethlehem geboren worden war und schon als Neugeborenes so
mächtig war, dass seinetwegen ein weithin glänzendes Ge-
stirn über dem Land stand und überaus reiche und ange-
sehene Weise aus dem Morgenland angereist waren. Da
wurde dem König Herodes bange um seine kleine Macht,
die der Cäsar ihm zugestanden hatte, und er gedachte, die
Sternkundigen zu Spionen zu machen. Die aber waren
gewarnt durch den Gott Israels und verrieten dem Tyrann
nichts. Und dieser ließ daraufhin alle Kleinkinder unter
zwei Jahren erschlagen durch seine Schergen, in der An-
nahme, dass der vermeintliche neue König längst dabei
sein und nun also ebenfalls tot sein könnte.

Der aber war inzwischen mit Mutter und Ziehvater
entronnen, nachdem ein Engel auch sie gewarnt und nach
Ägypten geschickt hatte.

Die anderen aber waren tot. Es ist unerheblich, wie viele es waren. Waren es Hunderte, Tausende, waren es mehr als zehn? Eines schon wäre eines zu viel.

Einfache Lehmhäuschen standen da in Bethlehem. Ein Dorf, mehr nicht. Berühmt nur deshalb, weil eine der vier Stammmütter Israels, Rachel, dort in einem besonderen Grab ruhte. Rachel: Dieser Name bedeutet »Mutterschaf« und wird durch ihr eigenes Schicksal so verhöhnt. Obwohl Lieblingsfrau des Erzvaters Jakob, konnte sie lange Zeit keine eigenen Kinder bekommen, während die ungeliebte Schwester Lea und zwei Dienerinnen eine Schwangerschaft nach der anderen glücklich erlebten. Endlich wird das »Mutterschaf« doch noch Mutter, erst von Josef und dann vom jüngsten Kind, dem Ben-Jamin, dem »Sohn des Glücks«, wie Vater Jakob ihn nannte. Rachel aber nannte ihn Ben-Oni, Sohn des Unglücks, denn bei seiner Geburt starb sie.

Seither ist Rachel in der jüdischen Tradition zur Allegorie für die Trauer Gottes selbst geworden. Trauer über sein so sehr verfolgtes, geschändetes, gequältes Volk Israel. So dass der Prophet Jeremia diesen Satz schreibt: *Rahel weint über ihre Kinder und will sich nicht trösten lassen über ihre Kinder; denn es ist aus mit ihnen.* Die Männer, Frauen und Kinder nämlich, die aus dem assyrischen Exil nicht wieder nach Jerusalem zurückgekehrt waren.

Und all die vielen anderen, die getötet worden waren, weil sie dem Gott Israels angehörten.

Und nun – nun also wieder. Kaum ist der neue Heiland geboren, eben noch haben die himmlischen Chöre das große Gloria über dem Hirtenfeld gejubelt, gerade noch tönten Schalmeien und wurden Lammfelle fürs Kleine gebracht und gesungen wird »Christ, der Retter ist da« – da sterben um dieses Gotteskindes willen andere Säuglinge und Kleinkinder. Ich wage nicht, mir diesen Schrei vorzustellen, der in dieser Nacht in den dunklen Himmel über Bethlehem gellte. Rachel *kann* nicht getröstet werden. Dafür gibt es keinen Trost.

Die christliche Kirche hat die Kinder zu Märtyrern erhoben. Es gibt eigene Gesänge für sie, wirklich liebevolle Hymnen voller kindlicher Bilder, in denen der wahre König, Jesus, sie zum Spielen in sein goldenes Haus führt.

Vielleicht hilft das manchen Eltern, die ein Kind verloren haben.

Für mich ist diese Geschichte eine wirkliche Zerreißprobe für Verstand und Herz. Was soll das? Weil Sein Sohn, Jesus, geboren wurde, müssen sofort, wenige Tage oder Monate später, andere kleine Kinder ermordet werden? Und Er, der Barmherzige, lässt es zu?

Wo beginnt Schuld …? Wer trägt für diese ermordeten Kinder die Verantwortung? Wirklich nur der psychopathische Herodes?

In der jüdischen Tradition wird Gott auch mit den Namen der »Schrecken Isaaks« bezeichnet (1 Mose 31,42.54).

Ich komme nicht umhin, mich angesichts dieser und ähnlicher Geschichten mit dieser Seite des Barmherzigen Gottes, des Gottes voll großer Güte, auseinanderzusetzen.

Es hilft mir nicht, mir vor Augen zu führen, dass es ja doch Menschen waren, die die Kinder – damals wie heute

– ermorden. Diese Kinder, diese Mütter und Väter haben vertraut und geglaubt und ganz gewiss haben zweijährige Kinder nicht gegen irgendwelche Gebote verstoßen (wobei ohnehin ein tödliches Strafurteil kaum zum Bild des All-Erbarmers passen würde).

Gott, was bist du nur für ein Gott.

Und Rachel weint, und ihre Klage ist zu hören über den Feldern von Bethlehem und in Ägypten, als schon einmal hebräische Knaben von einem herrschsüchtigen Pharao ermordet wurden (2 Mose 1,1–22), und über ganz Arabien und Spanien, in Asien und Russland und Osteuropa und Mitteleuropa und über den Schornsteinen von Auschwitz, Treblinka und Ravensbrück und ganz Deutschland.

Gott, du Schrecken Israels. Was bist du für ein Gott? Können wir wirklich nach alldem miteinander in einem Liebesbund leben?

4

Der Schrecken Israels

Wo ist Isaak?

1982 schenkten mir meine Eltern meine erste Reise nach Israel – eine von einem Reiseveranstalter organisierte Gruppenreise auf biblischen Spuren (so hieß das), während der ich mit zwanzig anderen Menschen durch Jerusalem, Bethlehem, Nazareth, und an den See Genezareth geführt wurde.

Gruppenreisen mochte ich nicht, aber es war die einfachste Möglichkeit, einen ersten Eindruck von den Gegebenheiten des Landes zu bekommen, das ich so gern kennenlernen wollte.

1983 flog ich zum zweiten Mal nach Israel, lernte die Familie in Abu Tor, Jerusalem, kennen und glaubte, hoffte, *wollte* gewiss sein, dass ich endlich ein Zuhause, eine Familie und so etwas wie eine geistliche Heimat gefunden hätte. Ich hatte wirklich gehofft und mir dann über Monate, wenn nicht Jahre eingeredet, nun auch einen Zugang zu *Einem* gefunden zu haben, der mein ganzes Leben umschirmt, beschützt, leitet, mit Sinn und Berufung erfüllt.

Ich hatte gehofft, geglaubt, *gewollt,* dass in der Familie Harmonie, im Land Frieden und in der Religion die Ur-Einheit alles Lebendigen wiederzufinden sei.

Wo ist Isaak?

Insgesamt war ich viermal allein in Israel, jeweils für mehrere Wochen. Die ersten drei Reisen fanden in einem Zeitraum von einem Jahr statt – August und September 1983, Februar bis April 1984, Juli und August 1984.

Die vierte Reise dann acht Jahre später, im April 1992.

Während der ersten drei Reisen habe ich täglich ausführlichst meine Eindrücke und Erlebnisse in ein dickes Buch geschrieben. Jeden Tag in winziger Handschrift, detailgetreu und – überschwänglich. Euphorisch. Kaum ein einziger Tag, der nicht endloses Glück besingt, an dem nicht Zuwendung und Liebe strömten, an dem ich dem Leser nicht glaubhaft versicherte, der glücklichste Mensch der Welt zu sein, weil ich nun endlich in »meiner« Familie, in »meinem« Land, ja vielleicht sogar bei »meinem« Gott angekommen sei.

Als ich jetzt diese drei Reisetagebücher wieder las, konnte ich nicht glauben, dass wirklich ich das geschrieben haben sollte. Die Schrift, wenn auch winzig, als schäme sie sich ihres eigenen Blendwerkes, ist meine, kein Zweifel.

Die junge Frau, die da schreibt, ist mir völlig fremd. Was sie erzählt, ist mir größtenteils – völlig fremd.

Wüsste ich nicht ganz genau, dass ich das wirklich erlebt und geschrieben habe, würde ich es vehement abstreiten.

Wer ist ich?

Wo ist Isaak?

Wo ist die junge Frau, die in meiner Erinnerung mit lindgrünem Sommerkleid an einem hellen Frühlingsmorgen durch das damals noch viel zu einsame Hinnomtal gehen wollte? Dies ist das einzige Bild, das mir von »mir« geblieben ist. Und auch das so, als wäre sie eine andere, die ich besorgt und zugleich ahnend aus dem Blick verliere, je weiter sie sich entfernt und in das Tal hinabging.

Wo ist der Mensch, der unseligerweise dort herumsaß und anscheinend nur auf die junge Frau wartete?

Wo sind die nächtlichen Stunden mit dem einen Sohn, der die junge Frau – die doch in seinen älteren Bruder verliebt war oder sich das wenigstens einredete – in den angrenzenden Park führte und gegen den sie sich nicht wehrte, weil sie sich so sehr schämte und weil sie vor allem nicht wollte, dass er das der Familie weitererzählte, die doch ihr einziger Halt war?

Wo sind die Jahre danach voller namenloser Angst und der verzweifelten Scham, nachdem es der jungen Frau nicht gelungen war, sich irgendjemandem aus »ihrer« Familie verständlich zu machen und auch der gute Freund der Familie, sonst immer zur Stelle, nur abwinkte?

Wo ist die ewige, ewige, ewige Angst seitdem, die es für die junge Frau zu einer Art Dauerpanik werden ließ, wenn sie allein durch die Straßen ging oder, entsetzlich, allein in einem Haus war, und sei es nur für wenige Stunden?

Nichts, gar nichts von alledem steht da geschrieben, auch nicht in den Berichten, die denen der ersten Reise folgten. Nichts. Nichts.

Wo ist Isaak?

Wo ist diese junge Frau, sie hieß doch Barbara, oder nicht?

Sie spricht kein einziges Wort in dieser seitenlangen ertränkenden Flut von Glitzerwörtern.

Kein einziges.

Warum ist sie nach der ersten Reise immer wieder nach Israel gefahren, als doch schon alles vorbei war und sie wirklich nicht mehr auf Gott, welchen Gott?, und die Menschen hoffen brauchte.

Ich nehme an, sie fuhr, weil es nicht vorbeisein durfte.

Weil sie nicht glauben durfte, dass es wieder kein Zuhause, keine Familie, keinen Gott gäbe, der sie beschützte.

Das durfte nicht passieren.

Barbara wurde zum Schweigen gebracht.

Seitdem habe ich viele Namen. Diesen nicht mehr.

Als ich 1992 zum fünften Mal nach Israel flog, acht Jahre später, hieß ich bereits Katharina. Zwei Jahre zuvor hatte ich mich taufen lassen von einer Pfarrerin, die besser als ich mit Israel, mit der hebräischen Sprache, mit der jüdischen Tradition vertraut war. Sie hatte in Jerusalem studiert, ihr Mann war international anerkannter Professor für Judaistik. Mit beiden verbrachte ich zwei Wochen in Jerusalem, in der Wüste, in Galiläa und bereitete mich auf meinen unmittelbar bevorstehenden Eintritt in eine evangelische Kommunität vor.

Und wieder: Genaue Berichte, »runder« und ausgewogener diesmal, mit weiterem Blick für das Sichtbare und neuer Wahrnehmung für das Unsichtbare. Ich besuchte Kirchen und vor allem Klöster, hatte den tiefen Klang der Stille vernommen und suchte allenthalben Ruhe, Ruhe, Ruhe.

Und wieder: kein einziges Wort über die vormals Neunzehn-, Zwanzigjährige, die hier verlorengegangen war. Kein einziges Wort über die dazwischenliegenden acht Jahre, die Jahre der Krankheit, der Verzweiflung, der Verweigerung, der Selbstaufgabe, des Zorns. Nichts.

Wo ist Isaak?

Wo ist Barbara?

Ist sie erstarrt im Hinnomtal? Ist sie zu einer Art Negativ-Existenz geworden, aus einem Foto ausgeschnitten? Ist sie etwas, das nicht nur abwesend, sondern gleichsam »minus-gegenwärtig« in der Erinnerung war, ein stummes Nichts ohne Zeichen und Klang in der Sprache?

Ich bin nicht sicher, ob ich Barbara je wiedergefunden habe.

In späteren Jahren war ich noch zweimal in der Hamefaked-Street in dem Jerusalemer Viertel Abu Tor, in der das

Haus der Familie stand. Ich ging auch zu der Kreuzung im Hinnom-Tal, an der damals dieser Mann saß.

Einmal ging ich mit einer Freundin, einmal allein.

Die Hamefaked-Street hat sich wohl nur wenig verändert – allerdings war ich das letzte Mal 2008 da. Vielleicht ist es jetzt anders. Das Hinnom-Tal dagegen ist inzwischen ausgebaut mit Freizeitpark und befestigten Straßen. Die Kreuzung gibt es noch, aber heute sitzt da niemand mehr – der Weg ist inzwischen eine viel befahrene Straße zwischen Altstadt und Abu-Tor. Damals gab es da nur Ziegen. Und einzelne Männer, die sich langweilten.

Vom Haus der Familie, in dem die junge Frau so viele Wochen und Monate verbracht hatte, steht gar nichts mehr. Ein Schutthaufen. Gerade der Eingang an der Straße war noch zu entdecken, sonst hätte ich den Ort vielleicht gar nicht gefunden.

Ich stand zwischen den Bruchsteinen, verrosteten Stahlträgern, Holzsplittern. Einzelne Stoffreste, Plastikfetzen. Die Bodenfliesen waren noch zu erkennen auf der Terrasse, auf der sie mit der Familie so oft gesessen hatte.

Achtzehn Jahre waren inzwischen vergangen, als ich da in den vergehenden Überresten eines überaus lebensvollen Hauses stand. Stand da und höre deutlich das Lachen der beiden Kinder Gay und Ejal. Sehe Pinchas, der mit seinem fröhlichen Blick am Türrahmen lehnt. Rieche den Duft aus der offenen Küche und sehe Simha, die Mutter, in ihrem geblümten Kleid. Sehe ihren Mann, den alten Joseph, mit seinen hellblauen Augen, der wenig sprach und wenn, dann nur jiddisch. Sehe sogar Roni, den Bruder, der meist am Wochenende aus dem Libanon nach Hause kam, wo er stationiert war, und dann mit lauter Freude von allen begrüßt wird – der siegreiche Held aus den Bergen.

Aviva ist da, die alleinerziehende Tochter, die ihre beiden kleinen Söhne am Abend abholt und mit ihnen in ihre Neubauwohnung am anderen Ende der Stadt fährt. Und Ora, die jüngere Tochter, immer ein bisschen übersehen, denn sie war nicht ganz gesund, aber unfassbar anhänglich. Sogar den großen Hund Nez sehe ich deutlich, wie er in schöner Ruhe das quirlige Familienleben betrachtet.

Nur Barbara, die junge Frau aus Deutschland, sehe ich nicht.

Während ich inmitten der Trümmer dieses ehemals so geliebten Hauses stand, hatte ich das Gefühl, einen alten Super-8-Film zu sehen, ein bisschen verblasst, ein bisschen rauschend im Ton, wie ein Verhallen in der Zeit. Ich komme darin nicht vor.

Eine Freundin hatte ich zu dieser Wiederbegegnung mit alten Steinen mitgenommen, denn ich fürchtete eine heftige Gefühlsbewegung, wenn ich in diese Straße und zu diesem Haus zurückkehre.

Aber in mir bewegte sich nichts, sogar mein Atem war flach und wie zurückgenommen.

Kein Leben hier, nirgends.

Aus einem kleinen weißen Büchlein (Elie Wiesel, Worte wie Licht in der Nacht, Freiburg im Breisgau 1987) schreibe ich die Worte ab: *Wir haben auch erfahren, dass das Schweigen nicht immer erlösend und schöpferisch ist. Es kann zum Instrument der Folter und des Todes werden.* Das kleine Buch ist völlig abgegriffen, die Seitenränder sind fleckig, unzählige noch kleinere Zettelchen mit handschriftlichen Anmerkungen oder mit zarten Bleistiftsstrichen notierte Randbemerkungen offenbaren seine Bedeutung. Seit Jahrzehnten ist es immer in meiner Nähe, immer wieder habe ich die kurzen Sequenzen, die Worte von Elie Wiesel, gesammelt aus seinen Werken, nein, nicht gelesen, sondern in mich aufgenommen und gehütet wie kostbare Kleinodien.

Es steht in einem hohen Regal, das mehrere Meter Bücher ähnlichen Inhalts trägt: Bände von Elie Wiesel, Nelly Sachs, Paul Celan, Primo Levi, Ruth Klüger, Imre Kertész, Jerzy Andrzejewski, Zvi Kolitz, Rywka Lipszyc und und und.

Über Jahrzehnte hinweg waren diese Autorinnen und Autoren die einzigen, die mich wirklich berührt haben.

Ihre Worte zu lesen, war – und ist – für mich wie eine Berührung mit dem Leben selbst, jenem Leben, das tatsächlich die Kraft hat, sich durch den Tod, den letzten Tod hindurch zu wandeln in ein Leben, das es vorher nicht gab. Für das es nicht mal Worte, keinen einzigen Buchstaben gab.

Ein Leben, das eine neue Sprache, neue Worte hervorbringen wollte, wollte es nicht für immer im Schweigen erstickt werden Tag für Tag.

Nie, niemals hätte ich zugegeben, dass in meiner intensivsten Beschäftigung mit der jüdischen Literatur nach Auschwitz nicht nur der verzweifelte Wunsch lag, dass ein Überleben dieses Entsetzens möglich sein möchte, sondern auch ein ganz heimlicher, verborgener, mir selbst bis vor Kurzem ehrlich unbekannter Wunsch mitschwang: der Wunsch, die Sehnsucht nach Wort und Sprache, die auch mich aus dem Schweigen befreien könnte.

Ich erschrecke. Das auch nur ahnungsweise für möglich zu halten, wäre mir wie eine ungeheure Anmaßung, mehr noch, eine neue psychische und spirituelle »Enteignung« jener erschienen, die schon einmal von Deutschen zum Verstummen gebracht und ihrer Identität beraubt worden waren.

Das war – und ist – mein Dilemma. Ich bin Deutsche und war immer Deutsche, auch während der ersten Reisen nach Israel. Niemals durfte ich mich und mein Verstummen auch nur in eine noch so entfernte Nähe derer rücken, die aus der Schoa heraus neue Worte gebaren. Ja, gebaren: Unter Schmerzen entlassen.

Paul Celan, der deutschsprachige jüdische Dichter aus Czernowitz, dessen Eltern 1942 deportiert wurden, der 1944 die Freiheit aus einem Arbeitslager fand und sich wohl 1970 in Paris das Leben nahm, schreibt in seiner »Todesfuge« (1944/45) vom Tod als »Meister aus Deutschland«: *er hetzt seine Rüden auf uns er schenkt uns ein Grab in der Luft / er spielt mit den Schlangen und träumet der Tod ist ein Meister aus / Deutschland / dein goldenes Haar Margarete / dein aschenes Haar Sulamith.*

Mein Haar war eher golden, nicht aschen, nicht schwarz. Das Haar meiner Großeltern auch. Der meisten jedenfalls.

Also verbarg ich meine Sehnsucht nach Befreiung auch vor mir, wie schon so vieles andere auch.

Litt mit den Sterbenden und Überlebenden der Schoa, wie ich nie mit jemandem gelitten hatte, mit mir am allerwenigsten, verband mich mit ihnen bis in meine eigene Familiengeschichte hinein – ja, es gibt da eine Urgroßmutter, die vielleicht Jüdin war, wir wissen es nicht, es gibt da viel Geheimnis –, rang in ihrem Namen um Gehör in Literatur und später in Theologie und Kirche, und das zu Recht.

Es ist wohl so: Barbara verschwand in den Worten derer, die es wagten zu sprechen, löste sich gänzlich in ihnen auf.

Niemals würde ich sagen – auch heute nicht! –, dass meine Geschichte auch nur in aller entferntester Entfernung irgendwie annähernd mit der ihren vergleichbar sei. So sehr ich darunter litt, so wusste ich doch immer, dass der weitaus größte Teil meiner Familie nicht nur Mitläufer, sondern ganz aktive »Meister des Todes« waren.

Und doch – und doch: lernte ich langsam, langsam mit Nelly Sachs, Paul Celan und anderen wieder sprechen, und sei es auch zunächst nur für sie und in ihrem Namen.

Wenn die Propheten einbrächen

Wenn die Propheten einbrächen
durch Türen der Nacht,

den Tierkreis der Dämonengötter
wie einen schauerlichen Blumenkranz
ums Haupt gewunden –
die Geheimnisse der stürzenden und sich hebenden
Himmel mit den Schultern wiegend –

für die längst vom Schauer Fortgezogenen –

Wenn die Propheten einbrächen
durch Türen der Nacht,
die Sternenstraßen gezogen in ihren Handflächen
golden aufleuchten lassend –

für die längst im Schlaf Versunkenen –

Wenn die Propheten einbrächen
durch Türen der Nacht
mit ihren Worten Wunden reißend
in die Felder der Gewohnheit,
ein weit Entlegenes hereinholend
für den Tagelöhner

der längst nicht mehr wartet am Abend –

Wenn die Propheten einbrächen
durch Türen der Nacht
und ein Ohr wie eine Heimat suchten –

Ohr der Menschheit
du nesselverwachsenes,
würdest du hören?
Wenn die Stimme der Propheten
auf dem Flötengebein der ermordeten Kinder
blasen würde,
die vom Märtyrerschrei verbrannten Lüfte
ausatmete —
wenn sie eine Brücke aus verendeten Greisenseufzern
baute —

Ohr der Menschheit
du mit dem kleinen Lauschen beschäftigtes,
würdest du hören?

Wenn die Propheten
mit den Sturmschwingen der Ewigkeit hineinführen
wenn sie aufbrächen deinen Gehörgang mit den
Worten:
Wer von euch will Krieg führen gegen ein Geheimnis
wer will den Sterntod erfinden?

Wenn die Propheten aufständen
in der Nacht der Menschheit
wie Liebende, die das Herz des Geliebten suchen,
Nacht der Menschheit
würdest du ein Herz zu vergeben haben?

Nelly Sachs

»… mit ihren Worten Wunden reißend«. Ich lernte schnell: Nur wenige wollten diese Worte der aus der Schoa Entronnen, Entlassenen, Zurückgefallenen hören.

In poetisch verhüllter Form vielleicht – vielleicht.

Aber nur manchmal und nur, wenn eingebettet in tröstliches Versichern, dass ja nun alles gut sei.

Kaum jemand wollte das hören oder lesen in realistischer Beschreibung dessen, was die »Totgesagten« wirklich erlebt hatten an Abgründigem. Schon gar nicht wollte jemand wirklich hören, wie es sich lebt in solchen Abgründen.

Nichts ist mehr einfach in dieser Abgrund-Welt, jede, aber auch jede Sicherheit schwindet, zuallererst die Sicherheit von »gut« und »böse« und »richtig« und »falsch«.

Und keineswegs zuletzt schwindet jene Sicherheit, die doch so unangreifbar schien:

Dass da ein Gott sei, der hört.

Und sieht.

Und rettet.

Wenn es einen Gott gibt in diesem Abgrund, so hatte dieser Gott noch nicht gesprochen und also keine Worte hinterlassen, die wir nutzen könnten.

Gott sprach: Es werde Licht. So beginnt die Schöpfungserzählung.

Wort schafft Licht.

Wo aber kein Licht – da kein Wort.

Wie also erzählen aus dieser Finsternis?

Worte sind ja Beschreibungen von etwas, das schon geordnet wurde in Zeichen und Linie, in Syntax und Grammatik.

Hier ist aber keine Ordnung, und jedes Zeichen wird pervertiert in sein Gegenteil. *Schwarze Milch der Frühe (Paul Celan).*

Wer will das hören?

Wer will Worte, die Wunden aufreißen?

Worte, die es wagen, zu behaupten, dass die Wunden nicht geheilt sind?

Und so wurden ihre Fragen meine, meine existenziellen, lebenswichtigen Fragen:

Kann es nach der Schoa, nach dem Mord am Volk Gottes, noch eine Beziehung zu diesem Gott der Bibel geben?

Kann ich nach den Verbrechen, die auch von Christinnen und Christen aktiv vollbracht worden waren, kann ich wirklich Christin sein? Kann ich das wollen?

Kann denn dieser Jesus wirklich der Messias sein, wenn seine Wirkungsgeschichte den millionenfachen Mord mit ermöglicht?

Hat nicht die Kirche ihre Daseinsberechtigung verloren?

Kann Gott so gnädig sein, oder haben wir nur noch nicht gemerkt, dass ER längst aus unserer Welt verschwunden ist und wir uns selbst an Seine Stelle gesetzt haben?

Kann es – kaum auszusprechen, kaum zu denken – kann es Versöhnung geben? Wirkliche Versöhnung? Zwischen Gott und Seinem Volk?

Das sind Fragen, die an den Grundpfeilern der christlichen Theologie und erst recht an ihrer Lehre über Jesus Christus rütteln.

Mit dem Ringen um diese Fragen verbrachte ich Jahrzehnte. Ebenso wie andere, die gute und wichtige Bücher darüber schrieben.

Und noch heute sind es diese Fragen, ist es dieser Schrei in jeder dieser Fragen, die mich im Gespräch über Gott, Christus und Kirche am allermeisten beschäftigen. Weil sie mich bedrängen, nicht in Ruhe lassen.

Aber heute weiß ich auch, dass ich mit all diesen Fragen meine eigenen Lebensfragen verbunden habe.

Du Gott – wenn es dich gibt: Gibt es dich auch für mich?

Und wenn es dich auch für mich gibt: Warum lässt du mich dann nicht zur Ruhe kommen? Warum wurde ich immer wieder herausgestoßen aus jeder Sicherheit, aus jeder wirklich wichtigen Beziehung?

Wo gehöre ich hin?

Zu Pfingsten 1990 ließ ich mich in einer evangelischen Kirche in Berlin-Kreuzberg taufen. Damals war ich 25 Jahre alt.

Nicht, weil ich plötzlich eifrige Christin geworden wäre – ich hätte wohl gar nicht zu sagen gewusst, was das ist, eine eifrige Christin.

Sondern weil ich noch immer und immer wieder Heimat suchte. Eine Heimat, die ich nicht dauernd in Frage stellen musste, weil ich sowieso keiner vorgegebenen Sicherheit mehr vertraute.

In der Begegnung mit Pfarrerin Becker lernte ich eine Theologin kennen, die jüdische Tradition, Weisheit und Lehre mit den Worten des Neuen Testamentes zu verbinden wusste.

Bei ihr hatte ich zumindest vorübergehend nicht mehr das Gefühl, immer eine Seite meines Wesens verleugnen zu müssen – viel mehr lehrte sie mich, das Neue Testament, die Lebensbeschreibungen und die Worte von Jesus Christus vom Ersten Testament aus zu lesen und gleichsam als eine Fortsetzung der Jüdischen Bibel zu verstehen, nicht als Bruch und Neubeginn.

Ich lernte Jesus als den Juden Jesus kennen, der den Glauben und die Liebe derer teilte, die in Auschwitz ermordet worden waren.

Mehr noch: Der mit ihnen dort gestorben ist.

Der in gestreiftem Häftlingsanzug am Kreuz hing auf dem Appellplatz von Auschwitz.

Und der, vielleicht, vielleicht auch mit mir im Hinnomtal und in der Familie in Abu Tor war.

Der vielleicht auch Corina gekannt hatte. Und vielleicht …

Vielleicht tatsächlich so etwas sein könnte wie ein Bund zwischen mir und mir und mir und diesem Gott, den ich immer weniger verstand.

5

Sprechversuche

Es war nicht abzusehen, dass ich nur knapp zwei Jahre nach meiner Taufe in ein evangelisches Kloster in die Nähe von Würzburg eintreten würde.

Die Annäherung dorthin führte über den Deutschen Evangelischen Kirchentag 1991 in Dortmund. Ich war allein dorthin gereist, um ein Gefühl dafür zu bekommen, in welche Kirche ich da nun hineingetauft worden war. Ich wollte mich einfach umsehen, die verschiedenen Arbeitsfelder der Evangelischen Kirche kennenlernen. Gleich am ersten Tag geschah jene Begegnung, die ich seitdem unzählige Male erzählt und beschrieben habe und die – vielleicht auch durch die Erinnerung verklärt, wer weiß – etwas wie einen lichten Kontrapunkt zu der existenziellen Erschütterung darstellte, die ich als Schülerin durch die Konfrontation mit der Nazi-Gewalt in den NS-Konzentrationslagern erlebte und die mich so nachhaltig verstört hatte.

Ich lief durch die Hallen des Kirchentages und hörte plötzlich einen Gesang. Als ich dem Klang folgte, der mich seltsam anlockte, sah ich mitten im Gedränge eine kleine Gruppe von Ordensfrauen in schlichten grauen liturgischen Gewändern.

Sie sangen. Und während ich mich näherte, fühlte ich ein Licht, das alle Grenzen durchfloss und Zeit, Trennung, verschlossene Identitäten und Existenzsplitter durchlichtete und auflöste.

Für einen Moment spürte ich nur Licht und Klang und Verbundensein mit allem, was ist, was war, was sein würde – und war ganz.

Anders kann ich es nicht beschreiben.

Mir war das in dieser Kirchentagshalle nicht bewusst. Aber heute im Rückblick erscheint es mir so, als wäre ich durch die Konfrontation mit der Schoa in ein graues, taubes, wortloses, erstickendes Nicht-Sein gestoßen worden, in dem sich allenfalls Bagger durch Berge von Ermordeten hindurcharbeiteten.

Und nun plötzlich – das extreme Gegenteil. Nur Licht, Weite, Klang, Leben. Und ein tiefer Atemzug.

Dieser Augenblick währte vermutlich nur wenige Sekunden, ich weiß es nicht. Aber er reichte völlig aus, um mich zu diesen Ordensfrauen zu führen und die Quelle dieses überlichten Lichtes zu suchen.

Es folgten insgesamt 23 Jahre als Evangelische Ordensfrau. Es folgten ungezählte Gottesdienste, Predigten, Einkehrzeiten und Exerzitien. Es folgte ein Theologiestudium und die – für mich wichtigere – Begegnung mit Mystikerinnen und Mystikern verschiedener Traditionen. Es folgten jahrzehntelange Erfahrungen und Ausbildungswege in

Kontemplation und Meditation, Bücher über Bücher, Therapien, Seminare und Kurse, begleitet von ausgezeichneten Lehrer*innen und konfrontiert mit Menschen, die mich an meine Grenzen führten und die mich lehrten, dass das Böse auch in mir als Möglichkeit existierte.

Ich wurde Mensch, durch und durch. Das ist das Beste, was mir passieren konnte. Das hieß vor allem, dass ich jede Menge Illusionen über mich verlor und immer deutlicher meine eigenen Grenzen anerkennen musste. Nicht nur die Grenze meiner Fähigkeiten und Begabungen, sondern vor allem – was schmerzhafter war – die Grenzen oder die Varianten meiner eigenen Persönlichkeit. Ich lernte in der Gemeinschaft der Schwestern, dass ich keineswegs immer nur freundlich und charmant und geduldig und witzig war. Sondern ebenso und oft unleidlich, ungeduldig, hochfahrend, überheblich, ungerecht. Ich lernte, dass ich unter anderen litt – ebenso wie manche Schwestern unter mir und meinen Launen litten. Und dass ich das nicht einfach ändern konnte, selbst wenn ich es gewollt hätte.

Ich lernte nicht nur theoretisch (das wäre mir leichtgefallen; theoretisch etwas zu erkennen, fiel mir meistens leicht), sondern sehr praktisch, dass ich keineswegs ein »guter« Mensch war, nur weil ich mich stets auf die Seite der Schwachen und Unterdrückten stellte.

Ich lernte meinen heimlichen Egoismus kennen und lernte zu unterscheiden, wo der Anspruch auf individuelle psychologisch motivierte Heilung meines verletzten Selbstwertgefühls begrenzt wurde durch geistliche Verantwortung auch für andere. Und dass das zwei unterschiedliche Ebenen sind, die unbedingt voneinander zu trennen sind.

Und ich lernte sehr viel über Theologie und Kirchengeschichte.

Dabei erkannte ich bald, dass meine Begegnung mit der so sehr im Judentum beheimateten Pfarrerin in Berlin ein großer Glücksfall – besser: eine Fügung und ein Segen – für mich war und dass ihre Haltung dem Judentum gegenüber durchaus keine Allgemeingültigkeit in der christlichen Theologie, Kirchengeschichte und Liturgie hatte. Und bis heute nicht hat. Im Gegenteil.

Ich lernte, dass der christliche Glaube, so wie ihn die Kirchen durch die Jahrhunderte vermittelten, letztlich nur eine einzige Antwort auf die Frage nach der Gegenwart Gottes im Leiden vermittelt: den Kreuzestod Jesu Christi, in dem Gott alles Leiden dieser Welt mit seiner Gegenwart erfüllt habe.

Immer wieder erfuhr ich und sollte glauben, dass nur Jesus Christus das Leiden der Welt erlösen könne und dass letztlich, letztlich – wenn auch sehr verdeckt, aber doch immer wieder vermittelt in biblischen Texten und liturgischen Gesängen – die Juden diejenigen gewesen seien, die diesen Messias Jesus Christus gekreuzigt hätten.

Selbst bei sehr progressiv eingestellten Pfarrerinnen und Pfarrern blieb doch immer so ein Vorbehalt, der in Kürze hieß: So ganz an Jesus vorbei könne Versöhnung mit sich selbst und mit Gott eben nicht geschehen. Für niemanden.

Letztlich blieb also das: Bekenne dich zu Jesus, und dann wirst du erlöst.

Und was ist mit den Juden? (Heute würde ich ergänzen: Und was ist mit den Muslimen? Damals aber beschäftigten mich aufgrund meiner eigenen Biografie die Juden sehr viel mehr).

Eine Frage, die ich bei *Elie Wiesel* gelesen hatte, brannte sich mir in Herz und Hirn. Sinngemäß lautete diese Frage: Kannst du das, was du über Gott und die Menschen sagst, auch im Angesicht der brennenden Kinder von Auschwitz sagen?

Über diese Frage – leider weiß ich nicht mehr, in welchen der vielen Bücher ich sie gelesen habe – kam ich letztlich in allem Nachdenken und Lernen und Wieder-Nachdenken nicht mehr hinaus.

Vor diesem Wort verstummte nahezu jedes Reden über Gott, und jedes Gebet wurde zu einem Schrei, von dem ich nicht wusste, woher er kam.

Konnte ich denn so einen Satz: »Wenn du an Jesus glaubst, dich ihm ganz überlässt, wirst du geheilt« sagen, wenn ich die brennenden Kinder vor mir sah? Hätte Jesus das gesagt?

Jesus hätte geschrien. *Mein Gott! Mein Gott! Warum hast du uns verlassen?* So wie er geschrien hat am Kreuz.

Wie sollte ich den Menschen, die in die Seelsorge zu mir kamen und deren zerbrochene Lebensgeschichten mich oft bis ins Herz erschütterten – wie sollte ich denen denn sagen: Glaub nur an den Herrn Jesus, dann wird alles gut? Vor allem dann, wenn sie ja immer schon an den Herrn Jesus geglaubt hatten und dann aber, zum Beispiel, von ihrem Vater, der selbst christlicher Pfarrer war, über Jahre und Jahrzehnte vergewaltigt wurden? So geschah es einer Freundin.

Wie sollte da dieser Jesus helfen, abgesehen davon, dass er sicher mit ihr litt?

Reichte das denn?

Ich habe aus dieser Glaubensweisheit – Jesus Christus ist die letztgültige Erlösung unserer Welt und aller Menschen – zu leben versucht, immer wieder.

Habe sie wirklich »gelernt«, immer wieder durchdacht, habe immer wieder um diese Gewissheit gebetet, wenn ich selbst an die Grenzen meiner Leidens- oder Mitleidensfähigkeit gelangte. Und wenn ich andere – nun schon selbst als Geistliche Begleiterin tätig – in Gesprächen durch ihre oft zerbrochenen Lebensgeschichten und zu ihren verletzten Seelen begleitete und versuchte, ihnen für Augenblicke Halt und Hoffnung zu vermitteln.

Zumindest versuchte ich ihnen die Erfahrung zu vermitteln, nicht ganz allein zu sein.

Versuchte ihnen zu zeigen, dass sie das Recht hatten zu klagen, zu schreien, Gott anzuschreien, sich eben nicht wieder »mundtot« machen zu lassen durch zu einfache »Jenseitströstung«, die Jesus Christus ihnen vermitteln könnte.

Die Menschen, die da kamen, Frauen mit diversen Traumatisierungen vor allem, wagten diesen Schrei und diese
Anklage oft nicht. Zu oft hatte man ihnen vermittelt, dass
sie keinesfalls gegen »den Vater«, also auch nicht gegen die
Mutter (wie oft waren auch Mütter an diesen Leidenswe-
gen aktiv beteiligt) und schon gar nicht gegen den großen
Vatergott aufbegehren durften. Weil sie ohnehin nicht
gehört würden, weil – schlimmer noch – die Strafe dann
nur umso härter ausfallen würde.

So hatten sie es erlebt, seit sie Kinder waren. Viele.

Und ich lernte schnell, dass diese Begegnung mit dem
gekreuzigten Jesus Christus in diesen Gesprächen und auf
der Suche nach geistlicher Heilung oft nicht reichte. Im
Gespräch nicht, im Gebet nicht.

Noch schlimmer: Ich spürte, dass sie mir nicht reichte,
so sehr ich versuchte, mich damit zufriedenzugeben.

Immer wieder, auch als ich schon jahrelang als Ordensfrau lebte und in den guten Rhythmus benediktinischer
Spiritualität eingewoben war, kehrten die alten Fragen in
mein Herz zurück.

Wieso starben die Geschwister dieses gekreuzigten Messias in den Gaskammern?

Wie kann ich die Messianität Jesu glauben, wenn jüdische Kinder mit den Namen Mosche und Rachele und
Jakob und Ruben und Lea und Heinrich und Dorothea
lebendig ins Feuer geworfen wurden?

Was half es dem dreijährigen David und der achtjähri-
gen Rivka, dass ihr Bruder Jeschua am Kreuz gestorben

war, wenn die, die sich auf diesen Jeschua beriefen, das Feuer anzündeten, in dem sie, David und Rivka und alle anderen, lebendig verbrannten?

Es gibt für mich bis heute nur einen Gedanken, der diesem Befehl von Menschen, andere Menschen zu foltern und zu ermorden, standhält:

Gott selbst schreit vor Schmerz, und Christus stirbt *in* den Kindern in den Flammen.

Alles andere, was ich gelernt habe an Theologie und Wegen gelebter Frömmigkeit, ist sicher wahr und gültig – aber hat wohl am Ende nicht die letzten Tiefen meines Herzens erreicht.

In der Tiefe meines Herzens lodern die Flammen.

Ich habe versucht, mich geistlich – heute würde man wohl sagen: spirituell – und theologisch diesem Abgrund zu stellen.

Habe gesucht, ob es Worte gäbe, mit deren Hilfe ich gemeinsam mit Gott zu diesen Flammen hinabsteigen könnte und dann vielleicht eine Antwort erhalten könnte auf meine Frage: *Du, Gott Israels und Vater Jesu Christi, was sagst du dazu?*

Ich habe Worte gefunden, die mich beim Abstieg gehalten und begleitet haben.

Allen voran die Worte von Jossel Rakover, die er im Warschauer Ghetto in sein Tagebuch schrieb, kurz bevor die Nazi-Soldaten ihn und alle anderen ermordeten und das Ghetto sprengten. Diese Worte, die uns überliefert sind in dem unvergleichlich dichten Buch von Zvi Kolitz, »Jossel Rakovers Wendung zu Gott«:

Dann will ich Dich aber fragen, HERR, und diese Frage brennt in mir wie ein verzehrendes Feuer: Was noch, oh, sag es uns, was noch muss geschehen, damit Du Dein Gesicht vor der Welt wieder enthüllen wirst? Ich will Dir klar und offen sagen, dass wir jetzt mehr als auf jeder früheren Stufe unseres unendlichen Leidensweges – wir, die Gepeinigten, die Geschändeten, die Erstickten, die lebendig Begrabenen und lebendig Verbrannten, wir, die Gedemütigten, die Verspotteten, die Verlachten, die zu Millionen Umgebrachten –, dass wir jetzt mehr als je zuvor das Recht haben zu wissen: Wo liegen die Grenzen Deiner Geduld?

Und noch etwas will ich Dir sagen: Du sollst den Strick nicht zu sehr anspannen! Denn er könnte – Gott verhüte! – noch reißen. Die Versuchung, in die Du uns geführt hast, ist so schwer, so unerträglich schwer, dass Du denjenigen Deines Volkes vergeben sollst und musst, die sich in ihrem Unglück und Zorn von Dir abgekehrt haben …

Ich sterbe ruhig, friedlich, aber nicht beruhigt, nicht befriedigt; besiegt, geschlagen, aber nicht versklavt; bitter, aber nicht enttäuscht. Ein Gläubiger und Glaubender, kein Schuldner und Bittsteller, nicht als Bittender, nicht als Betender. Ein Liebhaber Gottes, doch nicht Sein blinder Amen-Sager.

Ich bin IHM nachgegangen, auch wenn ER mich von sich gestoßen hat. Ich bin Seinen Geboten gefolgt, auch wenn ER mich dafür geschlagen hat. Ich habe Ihn liebgehabt, auch wenn Er mich bis in den Staub erniedrigt, zu Tode gepeinigt, Gespött und Schande preisgegeben hat.

Mein Rabbi pflegte mir immer wieder die Geschichte von einem Juden zu erzählen, der mit Frau und Kind der spanischen Inquisition entkommen war und sich auf einem kleinen Boot über stürmische See zu einer steinigen Insel durchgeschlagen hatte. Da zuckte ein Blitz auf und erschlug die Frau. Da kam ein Sturmwind und wirbelte sein Kind ins Meer. Allein, elend, hinausgeworfen wie ein Stein, nackt und barfuß, vom Sturm gepeitscht, von Donnern und Blitzen geschreckt, die Haare zerzaust und die Hände zu Gott erhoben, ist der Jude seinen Weg weitergegangen auf die wüste Felseninsel und hat sich so an Gott gewandt:

»Gott Israels«, sagt er, »ich bin hierher geflohen, dass ich Dir ungestört dienen kann: Um Deine Gebote zu tun und Deinen Namen zu heiligen. Du aber tust alles, dass ich an Dich nicht glauben soll. Wenn Du aber meinen solltest, dass es Dir gelingen wird, mich mit diesen Versuchungen vom richtigen Weg abzubringen, ruf' ich Dir zu, mein Gott und Gott meiner Eltern, dass es Dir alles nicht helfen wird. Magst Du mich auch beleidigen, magst Du mich auch züchtigen, magst Du mir auch wegnehmen das Teuerste und Beste, das ich habe auf der Welt, und mich zu Tode peinigen –

ich werde immer an Dich glauben. Ich werde Dich
immer liebhaben, immer – Dir selbst zum Trotz!
Und das sind auch meine letzten Worte an Dich, mein
zorniger Gott: Es wird Dir gar nichts nützen! Du hast
alles getan, dass ich an Dir irre werde, dass ich nicht
an Dich glaube. Ich sterbe aber gerade so, wie ich ge-
lebt habe, als unbeirrbar an Dich Glaubender.«
Gelobt soll sein auf ewig der Gott der Toten, der Gott
der Vergeltung, der Wahrheit und des Gerichts, der
bald Sein Gesicht wieder vor der Welt enthüllen wird
und mit Seiner allmächtigen Stimme ihre Fundamente
erschüttert.
»Shmah Isroel! – Höre Israel! Der Herr ist unser Gott,
der Herr ist Einer! In Deine Hände, oh Herr, empfehle
ich meinen Geist!«

Das waren die einzigen Worte, an diesen Gott Israels gerichtet, die ich auch in Auschwitz hören und lesen konnte.
Die einzigen Worte an diesen Gott, die im Feuer der Gaskammern nicht verbrannten und die diesen Gott treffen
mussten wie ein Pfeil durch die Aschewolken hindurch.
Oder es war kein Gott.

Ich habe unsere gregorianischen Gesänge geliebt. Ich ver-
ehre die Schriften vieler christlicher Mystikerinnen und
Mystiker, besonders jene, die versuchen, die Dunkelheit
der Abwesenheit Gottes zu erleiden und zu beschreiben.
Ich singe mit Ehrfurcht alte Kirchenlieder, voller Achtung
vor den Lebenswegen und der hohen Poesie, die sich oft

darin ausspricht. Und ja, ich glaube ganz sicher, dass Jesus geboren wurde von einer Jungfrau, dass er ein hochgelehrter Rabbi und durchaus Gottes Sohn war, ich glaube ohne Zweifel, dass er gestorben und auferstanden und in einer geistigen Dimension gegenwärtig ist. All das zu bewirken scheint mir für unseren allmächtigen Gott ohne Weiteres möglich zu sein.

Aber ich glaube nicht und immer weniger, dass die Geschichte Gottes mit uns – und vor allem unsere Geschichte mit Gott – damit ihren Höhepunkt oder gar ihr Ziel erreicht hat.

Ich glaube nicht, dass in dem Tod Jesu alle ermordeten Juden geborgen sind.

Jesus ist nicht – wie viele wohlmeinende Christen meinen – in Auschwitz »mitgestorben«, sondern er ist als Jude Jesus, Sohn des Josef, neu und wieder ermordet worden, unerkannt, ohne Schuld und mit größter Präzision. Auch von Christen. Von den Kirchen preisgegeben und im Stich gelassen.

Deshalb stimme ich Elie Wiesel aus ganzem Herzen zu, der feststellt: »*In Auschwitz ist nicht das jüdische Volk, sondern das Christentum gestorben.*«

Papst Johannes XXIII., der in der Karfreitagsbitte für die Juden das »treulose/ungläubige« strich, wird folgendes Karfreitagsgebet zugeschrieben:

Wir sind uns jetzt bewusst, dass unsere Augen während vieler Jahrhunderte so blind gewesen sind, dass wir

weder imstande waren, den Ruhm Deines auserwähl-
ten Volkes zu sehen noch die Zeichen des Vorrangs auf
dem Antlitz unseres Bruders zu unterscheiden. Wir
sind zur Einsicht gekommen, dass auf unsrer Stirne
das Kainszeichen geschrieben steht. Während Jahrhun-
derten war unser Bruder Abel in Blut und Tränen
wegen unserer Missetaten, weil wir Deine Liebe verges-
sen haben. Vergib uns den Fluch, den wir, in Unge-
rechtigkeit, über ihren jüdischen Namen gebracht ha-
ben. Vergib es uns, dass wir Dich in ihnen, in ihrem
Fleisch, zum zweiten Male gekreuzigt haben – wir
wussten nicht, was wir taten. Herr, lass uns umkehren
auf den schlechten Wegen, auf denen wir in der Ge-
schichte und Kirchengeschichte gewandelt haben. Lass
unsere Umkehr sich zeigen in konkreter Erneuerung.
Möge der Friede Gottes, der unser Leben und Denken
bewahrt, unsere Herzen erfüllen.

Dieses Gebet traf die Tiefe und Grundsätzlichkeit meiner
Erschütterung. Aber: Wie wollte ich mit alldem weiterhin
Christin sein?

Wie schon als sehr junge Frau, stand ich nun wieder
und immer wieder vor derselben Frage:

Mit welchem Gott wollte ich leben?

Konnte ich mit diesem Gott leben?

Konnte ich ohne diesen Gott leben?

Konnte ich mit diesem Gott in der christlichen Kirche
leben?

Die klassischen »Jesus-Bilder« der christlichen Theologie halfen und helfen mir dabei nicht. Vielmehr frage ich diesen Jesus: Du, mein jüdischer Bruder, wie sprichst du heute mit deinem und unserem Gott?

Und du, Gott Israels und mein Gott: Kann es Heilung geben?

Die jüdische Tradition würde wohl fragen: *letakken olam,* gibt es eine Weltverbesserung, eine Wiedervereinigung dieses Risses zwischen uns und dir?

Können und wollen wir uns wirklich unsere Schuld – ja, *unsere* Schuld! – verzeihen, du uns und wir dir?

Gibt es eine messianische Hoffnung, die uns beide – dich, Gott, und uns! – neu miteinander verbindet?

Lass uns suchen, wie wir noch einmal miteinander beginnen können, du mein Gott …

Das ist mein Gebet. Das wirklichste, das ich für mich kenne.

6

Gottesurteil

Wie machen es denn die anderen?

Es gibt doch noch mehr, die sich an der Gottesfrage die Stirn einrennen. Die »Gottesfrage«. Für mich ist das nicht die Frage: »Gibt es Gott?« Seltsamerweise hatte ich daran nie mehr einen Zweifel. Natürlich gibt es einen Gott, natürlich gibt es den *Einen* Gott.

Selbstverständlich ist es intellektuell möglich, die Existenz dieses Gottes zu verneinen. Aber für mich war das eben nie eine Möglichkeit, und es war auch nie mein Wunsch. Meine »Gottesfrage« ist die Frage *an* Gott: Wie konntest du? Oder konntest du gar nicht? Und bist gar nicht allmächtig, sondern eben doch nur ohnmächtig wie dein großer Sohn am Kreuz oder die alte Frau in Treblinka?

Es gibt genügend ernste, kluge, liebevolle Gedankenwege, die genau das annehmen. Ja, Gott hat sich Seiner Allmacht entäußert, hat uns den Raum des freien Willens und der eigenen Entscheidung gegeben, damit wir frei

Seine Liebe wählen können. Denn Liebe ohne Freiheit ist keine Liebe.

Mit dieser Erklärung war auch ich immer wieder zufrieden. Und immer wieder auch nicht. Denn Freiheit – absolute Freiheit, also auch die Freiheit zum Bösen – setzt eine große ethische, moralische Reife voraus, wenn diese Freiheit freiwillig das Leben und das Gute im Sinne Gottes wählen soll.

Ganz offensichtlich ist uns Menschen diese Reife aber noch nicht zugewachsen.

Ein Kind verprügelt ein anderes, ein wehrloseres, schwächeres. Schlägt auf das schwache Kind ein. Das schwache Kind ermattet. Werden die Eltern der Kinder drumherum stehen und zusehen, bis das schwache Kind erschlagen ist? Wann greifen sie ein? Welche Eltern greifen ein? Beide? Hoffentlich! Nur die des schwächeren Kindes? Oder trauen sie sich nicht, weil sie Angst haben, dann selbst verprügelt zu werden?

Spätestens dann kann von Freiheit nicht die Rede sein.

Wenn Gott also zusieht, wie sein schwächeres Kind stirbt, nicht einmal, nicht zehnmal, sondern Millionen Mal – dann sind wir beide nicht mehr frei. Gott nicht, gefesselt an Seine selbstgewählte Ohnmacht, und wir auch nicht, erstickt in unseren Möglichkeiten des Bösen.

Dann müssen wir neu anfangen. Ganz neu.

Ja, es sind die Kinder von Auschwitz, die Alten in Treblinka, die Jungen im Warschauer Ghetto, die diese »Gottesfrage« stellen.

Und es sind so viele andere. Ein Fernsehfilm im Abendprogramm der ARD: »Operation Zucker«. Der Inhalt: Kinderhandel in Berlin. Mädchen und Jungen, Kleinkinder, Kinder unter zehn Jahren, junge Frauen und Männer unter sechzehn Jahren, die in verschiedenen Ländern Osteuropas als Sklaven gekauft werden, werden in Berlin als Sexsklaven körperlich, seelisch, geistig ausgebeutet, so lange, bis sie »kaputt« sind, nicht mehr funktionieren und dann getötet und verscharrt werden. Von Männern und Frauen aus höchsten gesellschaftlichen Kreisen zum »Nachtisch« verspeist bei teuren Abend-Diners.

Ich war sehr überrascht, dass dieser Film in der Mediathek ohne Einschränkung zu jeder Tageszeit angesehen werden konnte. Oft werden Filme solchen Inhalts erst nach 20.00 oder nach 22.00 Uhr gezeigt, um wenigstens zu versuchen, jugendliche Zuschauer davor zu bewahren. Ich weiß nicht, warum das hier nicht gemacht wurde. Fest steht: Dieser Film »triggert«, kann also alle die, die Traumatisierungen durch sexualisierte Gewalt und/oder andere körperliche und seelische Misshandlungen erlitten haben, verstören und ihren eigenen Erinnerungen schutzlos ausliefern.

Manche von ihnen habe ich kennengelernt. In der psychosomatischen Klinik in Grönenbach, von ihnen habe ich bereits erzählt. Manche dann später, als ich selbst als Seelsorgerin und geistliche Begleiterin traumatisierte und schwertraumatisierte Frauen begleitet habe (traumatisierte Männer haben mich nicht aufgesucht), oft neben und ergänzend zu einer Psychotherapie durch geschulte Traumatherapeut*innen. Andere haben mir geschrieben als Nachfrage und Reaktion auf frühere Bücher oder Artikel.

Wie gehen sie alle mit der »Gottesfrage« um?

Viele, sehr viele wenden sich ab. Manche voll Zorn, voll Trauer. Manche gleichgültig. Mit diesem Gott auf diesem Weg sicher nicht. Zwischen Ihm und ihnen gab es keine Brücke, keine Verständigung mehr. Ihre Sehnsucht – und die meisten von ihnen hatten sehr wohl eine Sehnsucht – haben sie anderswo hingetragen.

An Orte, in denen es ruhiger zuging. An denen es gut war und die weit genug entfernt von ihren Schmerzen und Fragen lagen, als dass diese spirituellen Ruheorte davon hätten erschüttert werden können. Sie haben ihre Sehnsucht zu Menschen getragen, die ihnen vermitteln konnten, dass es auch ohne Schuld und Scham und Verzweiflung eine Geborgenheit in der Sphäre des Göttlichen geben kann, ohne deswegen erst das »Kreuz« nehmen oder doch wenigstens verstehen zu müssen.

Ich bin mit ihnen mitgegangen und habe Augenblicke voller Ruhe und Schönheit gefunden. Der Pool in Grönenbach und das Lied der Alten Frau. So sollte mein Gott, von mir aus auch meine Göttin sein. Mütterlich, zart, einfühlsam. Und so machtvoll, dass sie meine Fragmente sammeln und meinen Zerbruch heilen könnte.

So webt und heilt, webt und heilt, rettet die Bruchstücke und schließt den Heiligen Kreis, Schwestern! Webt und sammelt, webt und sammelt, o Frauen, webt und sammelt!

Wie wohltuend war das. Eine mütterliche, machtvolle Göttin, die uns heilen würde und uns zu einer Schwesternschaft verbinden würde, die uns tragen würde durch die Zeiten.

In der Klinik haben wir das eine Zeitlang gelebt. Drei Monate nach unserer Entlassung waren alle Kontakte eingeschlafen.

Dennoch: Viele gute Therapiewege haben inzwischen längst begriffen, dass die Linderung oder Heilung psychischer Verletzungen und Erkrankungen wesentlich mit der Frage der geistlichen, der spirituellen Linderung, Versöhnung, Heilung einhergeht, also von der spirituellen Sehnsucht, die in jedem Menschen angelegt ist, entweder gefördert oder behindert werden kann.

Und ganz besonders gilt das für die Integration (wenn möglich) und Heilung (wenn überhaupt möglich) von traumatischen Verletzungen, die die Seele eines Menschen zersplittert und manchmal in tausend Scherben zertrümmert haben. Der Wunsch, die Sehnsucht nach »Wieder-Ganz-Werden«, nach »Eins-Werden«, nach Verbundenheit ist der spirituelle Ur-Wunsch, seit wir das Paradies und den (göttlichen) Mutterschoß verlassen haben. Ich glaube, dass das für jeden Menschen gilt, wie immer diese Sehnsucht auch genannt und gelebt wird. Für zerbrochene Menschen gilt sie existenziell.

Diese Suche nach »Wieder-Eins-Sein« mit dem göttlichen Ursprung ist ein Grundmotiv jeder religiösen Tradition, jeder spirituellen Bewegung, ich glaube auch: jeder göttlichen Selbstoffenbarung. Der große jüdische Religionsphilosoph *Abraham J. Heschel* nannte zwei seiner tief berührenden Bücher: »Der Mensch fragt nach Gott« und »Gott sucht den Menschen«. Die Sehnsucht ist beiderseitig, seit der Mensch zur Frage erwacht ist und seit Gott ihn entbunden hat aus Seinem Gottesbewusstsein, seit also der Mensch selbst »Ich« sagt und »Du« zu dem lebendigen Gott.

Wenn also die Sehnsucht nacheinander groß, die Not drängend und der Weg zur Erfüllung so vielfältig beschrieben ist – warum sollte es dann so schwer sein, zueinander zu finden?

Warum nicht einfach bleiben im Schoß der Göttin?

Warum nicht eintreten in den achtfachen Pfad des Buddha und irgendwann dem scheinbar endlosen Kreis von Leid und Wieder-Leid entrinnen? Warum sich zwingen lassen in patriarchale (kirchliche) Institutionen, Liturgien und Frömmigkeiten, die so oft für die Geprügelten und Geschändeten nur Zynismus aufbringen, falls sie sie überhaupt zur Kenntnis nehmen?

Sind wir nicht erwachsen genug, selbst zu entscheiden, mit welcher Gottheit wir leben wollen und wie wir uns mit ihr verbinden, und sei es auch in einer Weise, die vielleicht nur von mir und sonst niemanden gelebt wird?

Diese und ähnliche Fragen begegnen mir immer wieder, wenn Menschen staunend zur Kenntnis nehmen, dass ich tatsächlich immer noch Christin bin – wenn auch Christin mit ziemlich jüdischem Herzen.

Jede einzelne dieser und ähnlicher Fragen verstehe ich vollkommen und stimme den meisten von ihnen zu.

Ich verstehe vollkommen, wenn Menschen heute mit der Institution Kirche nichts mehr anfangen können und wollen. Mir fällt es selbst oft genug schwer, deren Handlungsweisen zu verstehen.

Ich finde es ganz und gar schlüssig, dass die buddhistische Lehre gerade für therapeutisch suchende, lehrende und heilende Menschen eine große Einladung und wirkliche Hilfe ist. Denn die buddhistischen Lehren und Wegbeschreibungen – Achtsamkeit, Friedfertigkeit, Mitgefühl, hierachiefreie Verbundenheit mit allen Lebewesen, Wertschätzung des Körpers und seiner Bedürfnisse und vor allem der Wunsch, sich endlich, endlich, endlich vom Leiden zu befreien und nicht dauernd für eine nicht vorhandene Schuld büßen zu sollen –, sie sind mehr als therapeutisch wertvoll, sie sind wahr und lebendig und wunderbar. Ich war immer wieder in Häusern und mit Menschen unterwegs, die buddhistisch geprägt und für mich sehr bereichernd waren. Ich habe an Sesshins teilgenommen und manche Schriften großer Zen-Buddhisten gelesen.

Manche der heute neu entwickelten traumatherapeutischen Ansätze basieren sehr bewusst auf buddhistischer Weisheit, Haltung und Heilungserfahrung – und sie sind richtig und gut und heilsam.

Ja, warum also nicht einfach Buddhistin werden – oder sich auf einen der vielen Unter-Neben-Mit-Wege begeben, die aus dieser großen Tradition hervorgegangen sind?

Jenseits aller theologischen Erwägungen ist die Antwort einfach:

Ich bin nicht Buddhistin geworden, weil mir dieser Weg nicht offen stand.

Hätte es sich gefügt, dass ich eine wunderbare Lehrerin, einen beeindruckenden Lehrer gefunden hätte, wäre es vielleicht anders gekommen. Aber ich habe mir meine Lehrer und Lehrerinnen nie selbst gesucht, sondern bin den Menschen, die mich wirklich geprägt haben, einfach begegnet. Und bin ihnen dann allerdings sehr konsequent gefolgt. Unter diesen Lehrerinnen und Lehrern waren solche, die viel von der buddhistischen Meditationspraxis gelernt und sie in unsere Form der christlichen Meditation übertragen haben. Unter ihnen gab es welche, die mir die jüdisch-christliche Gedankenwelt weit geöffnet haben und mir viele Gemeinsamkeiten zwischen der jüdisch-christlichen und der buddhistischen Praxis und der Ethik dieser Traditionen vermittelt haben. Wenn ich meditiere, sitze ich auf einem schwarzen, runden Kissen, wie es in der Zen-Praxis genutzt wird. Nicht, weil ich Zen-Buddhistin bin, sondern weil dieses Kissen für mich die beste ergonomische Unterstützung beim Sitzen bietet. Und wenn ich in meinen Schulklassen den Unterricht beginne, nutze ich zuweilen eine Klangschale: Nicht weil ich eine buddhistische Nonne gewesen wäre, sondern weil der Klang dieser Schale in einem Klassenraum sehr viel wärmer und beruhigender wirkt als jede Glocke.

Was ich aber im Buddhismus bis heute nicht gefunden habe, ist die Begegnung mit einem persönlichen Gott. Mit einem »Du«, von dem ich mich gemeint fühle, mit dem ich mich streiten kann, mit dem ich um das Leben und unsere Welt ringen kann – und auf das ich letztlich, allerletztlich hoffen kann.

Bei aller aufrichtig empfundener Hochachtung vor dem Buddhismus überfordert mich der Gedanke, dass ich mich selbst heilen oder gar erlösen könnte, vollkommen – um nicht zu sagen: Heil-los. Ich kann mich nicht selbst heilen, auch nicht selbst erlösen. Auch unsere Welt kann sich selbst nicht erlösen.

Ich brauche einen Gott, der größer ist, als ich mir vorstellen kann und den ich herausfordern kann, so wie er mich herausfordert.

Die populäre Verkündigung eines apersonalen Gottesbildes – also einer »Göttlichkeit«, die allenfalls eine Art »reines Sein« ist, aber in keiner persönlichen Beziehung zu uns steht und die wir eben nicht mit »Du« anreden können – ist für mich keine Befreiung, sondern eine geradezu metaphysische Vereinsamung.

Und auch, wenn ich – wie ausführlich beschrieben – mit diesem Gott der Bibel ringen muss, wenn ich ihn nicht verstehe, wenn ich manchmal in Gefahr laufe, an ihm meinen Verstand zu verlieren, so will ich Ihn doch nicht lassen. Ich kann es nicht.

Wenn ich eine biblische Person nennen sollte, die ich mir in diesem Ringen an die Seite wünsche, dann ist das Hiob.

Hiob wird im Ersten Testament beschrieben als ein sehr wohlhabender und gottesfürchtiger Mann, von Frau und Kindern geliebt, von seinen Freunden geschätzt, mit allen in Frieden lebend. Eines Tages, so wird erzählt, will der Teufel – wer immer das sein mag – Gott herausfordern mit einer Wette und sagt zu Gott:

Wetten, dass dein treuer Knecht Hiob ganz schnell vom Glauben abfallen wird, wenn du ihn ärgerst? Wenn du ihm zum Beispiel seine Schaf-, Rinder-, Esel- und Kamelherden nimmst, seine Häuser, vielleicht sogar seine Kinder?

Und Gott, warum auch immer, lässt sich tatsächlich auf diese Wette ein. Hiob verliert durch mehrere entsetzliche Ereignisse seine Herden, seine Häuser und, ja, auch seine sieben Söhne und seine drei Töchter. Alle und alles an einem einzigen Tag.

Hiob setzt sich in den Staub und schweigt. Sieben Tage lang, wie es die jüdische Sitte vorsieht. Seine Frau und seine Freunde sind bei ihm und geben ihm zu essen und zu trinken.

Nach den sieben Tagen aber fangen die Freunde an, ihn, den so Geschundenen, zu belehren: Er solle fromm und demütig sein und das von Gott gesandte Schicksal annehmen.

Zunächst ist Hiob sogar bereit dazu und bekennt: »Der Ewige hat's gegeben, der Ewige hat's genommen, der Name des Ewigen sei gelobt« (Hiob 1,21).

Dann geht aber der »Teufel« noch einen Schritt weiter und sagt zu Gott:

Na ja, Hiob ist sehr fromm und liebt dich sehr, stimmt schon. Aber wetten? Wenn du ihm selber jetzt auch noch eine quälende Krankheit schickst, dann ist es vorbei mit seiner Anhänglichkeit an dich.

Und wirklich, Gott lässt sich auch darauf ein und schlägt Hiob mit einer wirklich bösartigen, furchtbaren Hautkrankheit, die ihn Tag und Nacht bis aufs Blut quält.

Und wieder fangen seine Freunde an, auf ihn einzureden und wollen ihn endlich dazu bringen, seine Sünden zu bekennen, denn so viel Elend könne ja nur eine Strafe Gottes für richtig üble Sünden sein.

Nein, sagt Hiob. Nein. Mag sein, dass ich gesündigt habe. Aber nicht so sehr, dass Gott das Recht hätte, mich so zu strafen!

Die Freunde blähen sich auf und wiederholen endlos ihre engen Gedankenmuster und wagen es nicht, einen Augenblick zu glauben, dass hier etwas völlig anderes geschieht, etwas, das alle bisherigen Vorstellungen von Gerechtigkeit und erst recht von Gottes Gerechtigkeit übersteigt und außer Kraft setzt.

Erst als Gott sich in diesem irren »Spiel« selbst an die Freunde wendet und ihnen mit seiner ganzen Gottes-Macht zu verstehen gibt, dass sie im Irrtum sind und dass Sein, Gottes, Handeln hier gar nichts mit Schuld und Strafe zu tun hat, halten sie endlich den Mund.

Hiob aber hält nicht den Mund und wendet sich nun direkt an Gott: Was soll das, du Gott Israels? Warum mussten meine Kinder sterben? Warum quälst du mich so? Was habe ich dir getan?

In der Sprache der Bibel liest es sich so:

Hiob sprach: Auch heute lehnt sich meine Klage auf; seine Hand drückt schwer, dass ich seufzen muss. Ach dass ich wüsste, wie ich ihn finden und zu seiner Stätte kommen könnte! So würde ich ihm das Recht darlegen und meinen Mund mit Beweisen füllen und erfahren die Reden, die er mir antworten, und vernehmen, was er mir sagen würde. Würde er mit großer Macht mit mir rechten? Nein, er selbst würde achthaben auf mich. Dort würde ein Redlicher mit ihm rechten, und für immer würde ich entrinnen meinem Richter! Aber gehe ich nach Osten, so ist er nicht da; gehe ich nach Westen, so spüre ich ihn nicht. Wirkt er im Norden, so schaue ich ihn nicht; verbirgt er sich im Süden, so sehe ich ihn nicht. Er aber kennt meinen Weg gut. Er prüfe mich, so will ich befunden werden wie das Gold. Denn ich hielt meinen Fuß auf seiner Bahn und bewahrte seinen Weg und wich nicht ab und übertrat nicht das Gebot seiner Lippen und bewahrte die Reden seines Mundes bei mir. Doch er hat's beschlossen, wer will ihm wehren? Und er macht's, wie er will. Ja, er wird vollenden, was mir bestimmt ist, und hat noch mehr derart im Sinn. Darum erschrecke ich vor seinem Angesicht, und wenn ich darüber nachdenke, so fürchte ich mich vor ihm. Gott ist's, der mein Herz mutlos gemacht, und der Allmächtige, der mich erschreckt hat; denn nicht der Finsternis wegen muss ich schweigen, und nicht, weil Dunkel mein Angesicht deckt. (Hiob 23,1–17)

Gott tadelt Hiob für seine Herausforderung keineswegs, im Gegenteil: Er nimmt sie an. Seine, Gottes Rechtfertigung besteht darin, dass ER vor Hiob Seine ganze göttliche Größe und unfassbare Majestät und Schöpfermacht aufstrahlen lässt. Hiob ist überwältigt. Er anerkennt die unermessliche Größe Gottes und schweigt.

Dass er schweigt, ist mir persönlich ein Trost. Hätte Hiob sich entschuldigt für sein Schreien, seine Klage, seine Angst vor diesem unberechenbaren Gott, wäre all sein Mut, mit dem er Gott zuvor begegnet ist, umsonst gewesen. In seinem Schweigen aber bleibt die letzte Frage eben doch offen und unbeantwortet: Gott, wie konntest du. Ja, du hast die Macht, Leben und Tod zu schaffen, natürlich. Aber warum so …?

Das ist meine Frage bis heute und die Frage von Millionen anderen auch. Und ich werde Gott mit dieser Frage nicht in Ruhe lassen.

Es gibt eine kleine jüdische Geschichte, die mich – wenn ich an diesem Punkt meiner gedanklichen Ausweglosigkeit angekommen bin – immer wieder erheitert. Leider weiß ich auch hier nicht, wo ich sie gelesen oder gehört habe. Aber irgendwo habe ich sie gehört und erzähle sie seitdem immer wieder weiter:

Drei Juden klagen Gott an und fordern eine Gerichtsverhandlung gegen IHN. Ihre Klage lautet: Gott hat den Bund mit Seinem Volk gebrochen.

Denn das Volk hat sehr wohl die Tora und die Gebote gehalten. Nicht alle, nicht immer, aber als ganzes Volk sehr wohl. Also hat Gott selbst Seinen Bund gebrochen, den ER doch Seinem Volk angeboten hat – wenn sie sich an Seine Tora und Seine Gebote hielten, so war die Verabredung.

Und wirklich, Gott erscheint zu Gericht. In einer kleinen Dorfsynagoge versammeln sich die drei Juden und Gott. Die Tora, das Heilige Buch, liegt zwischen ihnen. Die Juden beginnen mit der Anklage und halten Gott vor, wie sehr ER sein Volk, besonders die unschuldigen Kinder, immer wieder verlassen hat. Und dass Seine drakonischen Strafmaßnahmen – Zerstörung des Ersten und des Zweiten Tempels, Verschleppung des Volkes ins Exil, Vertreibung und Ermordung der Juden durch alle Jahrhunderte – in keinem Verhältnis zu ihren begangenen Sünden steht.

Gott rechtfertigt sich, zeigt auf die vielen Vergehen des Volkes. Der Streit wird heftiger, keine Seite gibt nach. Schließlich sagt Gott: »Was beruft ihr euch auf die Tora? ICH habe sie euch doch gegeben, sie gehört doch MIR!«

»Nein«, sagen die Juden. »Du hast sie uns gegeben, und wir haben sie studiert und sie klagt dich an!«

Weitere Stunden erbitterten Streites folgen. Schließlich ruft Gott ganz empört: »Wenn ich unrecht habe, sollen die Wände dieser Synagoge sich neigen!« Und sofort neigen sich die Wände der Synagoge, fast bis zum Boden. Schließlich beenden die Juden den Streit und rufen das ganze Universum an und fragen: Ist ER, der Ewige und Allmächtige, schuldig oder nicht?« Und das ganze Universum antwortet: »Schuldig.«

Da wird es ganz still in der Synagoge. Die Juden und Gott schauen sich an, schweigend.

In die Stille hinein erklingt der Gesang einer Amsel. Einer der Juden schreckt auf, sieht die ersten Sterne am Himmel und sagt zu Gott und den Juden: »Kommt schnell, das Abendgebet beginnt gleich.«

Chorus II

Zu wem soll ich beten, wenn Gott soeben verurteilt wurde?

Kann es etwas, jemanden »nach Gott« geben?

Wer oder was begegnet uns hinter den Bildern, die wir uns von Gott machen?

Ist dieses »Dahinter« – wenn es das gibt – für uns Menschen zugänglich? Erträglich?

Brauchen wir nicht Bilder wie einen Schutz, weil wir der Wirklichkeit dahinter gar nicht standhalten könnten?

Oder ist dahinter – nichts?

Das wäre das Schlimmste.

Dann, so glaube ich, wären wir verloren. Denn auf uns – unseren menschlichen Verstand, unser menschliches Herz – allein möchte ich mich nicht verlassen. Kann ich mich nicht verlassen. Ich kann nur an einen Gott glauben. Auf einen Gott vertrauen.

Als ich noch im Kloster auf dem Schwanberg war, fand ich in einem Kellerregal, in dem nur alte, abgelegte und zerlesene Bücher lagen, einen schmalen, vergilbten Gedichtband.

»Hymnen an die Kirche«, stand in Frakturschrift auf dem grauen Umschlag. Geschrieben von *Gertrud von le Fort.*

Den Namen hatte ich noch nie gehört.

Später las ich, dass sie eine deutsche Schriftstellerin war, geboren 1876 als Tochter einer protestantischen preußischen Adelsfamilie, aufgewachsen in Mecklenburg, gestorben als Katholikin in Oberstdorf im Allgäu. Sie war eine entschiedene Gegnerin des Nationalsozialismus und stand in Verbindung mit *Paul Claudel, Hermann Hesse, Reinhold Schneider, Friedrich Gogarten* und *Carl Zuckmayer.* Sie entwickelte sich zu einer der bedeutendsten katholischen Schriftstellerinnen des 20. Jahrhunderts.

Das alles wusste ich nicht, als ich dieses kleine Büchlein da im Keller fand.

Die Gedichte, die Hymnen, die da in alter Schrift auf den dünnen Blättern standen, erschütterten mich. Ich vergaß die Zeit, verpasste das nächste Stundengebet und das Mittagsessen.

Ich saß im Keller und las.

Und siehe, die Stimme deines Gesetzes spricht zu mir: Was ich zerbreche, das ist nicht zerbrochen, und was ich in den Staub beuge, das hebe ich empor!

Ich bin dir gnadenlos geworden aus Gnade und erbarmungslos aus Erbarmen:

Ich habe dich überblendet, dass deine Grenzen verflie-
ßen, Ich habe dich verschattet, dass du deine Schran-
ken nicht mehr fändest. Wie das Meer eine Insel ver-
schlingt, so habe ich dich verschlungen, dass ich dich
hinausschwemmte ins Ew'ge.

Ich bin zum Hohn geworden an deinem Verstand und
zur Gewalt an deiner Natur,
dass ich dich aufkettete wie einen Kerker und dich vor
die Tore deines Geistes risse.

Denn wo Deiner Tiefen Tiefe hindürstet, da fließen
nicht mehr die Brunnen dieser Erde. Und wo dein
letztes Heimweh verblaut, da stehen alle Uhren der
Zeit still.

Siehe, ich trage auf meinen Flügeln die weißen Schat-
ten des Andren. Und auf meiner Stirne wittern die
Ufer des Drüben!

Darum muss ich Wildnis sein in deiner Erkenntnis
und Vernichtung auf deinen Lippen. Aber deiner Seele
bin ich Aufbruch und Heimweg und bin der Bogen
ihres Friedens mit Gott über den Wolken.

Die Dichterin hatte meine Sehnsucht beschrieben.

Ich suchte so sehr jemanden, der mich über meinen
Verstand hinüberriss, der überhaupt die Verantwortung
dafür übernahm, dass mein Denken und Nachdenken

über Gott so verwildert und meine Seele so heimatlos geworden war. Jemand, der wusste, dass meine Wörter über Gott vernichtet und die Augen meines Herzens überblendet waren und nur noch Schatten und Dunkelheit sehen konnten.

Ich hatte das nie laut zu sagen gewagt: Dass die Dunkelheit, in der ich mich befand, möglichweise auch eine Folge von zu viel Licht gewesen sein konnte. So, als ob man mit offenen Augen in die Sonne schaut. Wenn man sie dann schließt, sind genau dort, wo zuvor die Sonne war, tiefschwarze Kreise. Überblendet.

In der Dunkelheit, in der Finsternis von Auschwitz und in den monströsen Gewalttätigkeiten, die Menschen an Menschen und an der ganzen Schöpfung tun – könnte zu viel Licht sein, so dass ich deshalb nichts mehr sehen kann? So wäre denn Gott doch verantwortlich, weil Er ja offenbar da war und da ist?

Was für ein absurder Gedanke. Was für eine irre Vorstellung. Nein, das nicht.

Vielmehr so:

Wo Leben zerbrochen und vernichtet wird, wird das Antlitz Gottes zerbrochen und vernichtet. Das Gefäß, in dem das göttliche Licht sich uns Menschen nähert. Wird das Gefäß zerbrochen, bricht das Licht mit einer solchen Intensität hervor, dass wir – dass ich erblinde.

Wer ist meiner Seele Aufbruch und Heimweg? Wer spannt mir den Bogen, dass ich wieder sehen und gehen kann zu Ihm? Dass ich Ihn wiederfinde – ohne diesen wahnsinnigen Schmerz, der die Augen blind macht und das Herz zersplittert?

Von wem redet die Dichterin? Gertrud von Le Fort meint tatsächlich die Stimme Gottes, die in der Gestalt der Kirche zu ihr spricht.

Durch wen spricht diese Gottes Stimme zu mir?

Spricht ER denn überhaupt noch aus diesem Dunkellicht?

Oder spricht ER wieder?

Kleidet ER selbst Sein Finsterlicht wieder in Klang und Bild, das ich aushalte und verstehe – und lieben kann?

7

Kaddisch mit Lilia

Vor drei Jahren stand sie plötzlich in der Gemeinde. Sie wartete höflich und ein bisschen scheu, bis ich Zeit hatte und mich ihr zuwandte. Mit leiser Stimme und ruhigen, aufmerksamen Augen stellte sie sich vor: Sie sei Lilia, ginge in die 10. Klasse eines Gymnasiums und würde gern ein zweiwöchiges Schulpraktikum bei uns in der Gemeinde absolvieren. Ich war hocherfreut – denn es geschieht wirklich nicht alle Tage, dass sich Gymnasiast*innen unsere kleine evangelische Stadtmissionsgemeinde als Praktikumsort aussuchen. So verabredeten wir uns also für ein vorbereitendes Gespräch ein paar Wochen später, kurz bevor das Praktikum beginnen sollte.

Lilia kam pünktlich, zurückhaltend, leise. So blieb sie. Auf meine Fragen nach ihrem Schülerinnendasein, ihren Interessen, ihrem geistlichen Hintergrund antwortete sie mit kurzen, klaren Sätzen und immer zurückhaltend. Als ich sie nach dem Grund für ihre Bewerbung bei uns fragte, sagte sie mit schlichter Offenheit, dass die Gemeinde nur zwei Häuser neben ihrer elterlichen Wohnung läge – ein kurzer Weg ist ein echter Gewinn, zumal sie jeden Tag einen längeren Fahrweg zurücklegen musste, um in ihr Gymnasium zu gelangen. Außerdem hätten wir einen kleinen Flügel, und sie würde sehr gern Klavier spielen. Zu diesem Zeitpunkt ahnte ich noch nicht, was Lilia mit »gern Klavier spielen« meinte: Sie ist eine hochbegabte Pianistin, die seit frühester Kindheit spielt und bei einem weithin bekannten Lehrer Unterricht nimmt. Als ich Lilia zum ersten Mal spielen hörte und sah, erkannte ich sie nicht wieder. Am Flügel saß eine hochkonzentrierte, leidenschaftliche junge Frau, deren Bewegungen und ganze Gestalt selbst Musik wurden, während ihre schmalen Finger über die Tastatur tanzten, eilten, flogen, manchmal zärtlich streichelten, um sie dann wieder voller Schmerz zu schlagen und im nächsten Augenblick hörend darauf zu verweilen.

Lilia spielte nicht, sie wurde gespielt, ihr ganzes Wesen war Resonanzraum für eine Musik, die sie in ganzer Fülle wohl nur selbst hören konnte. Ich jedenfalls, Laiin, die ich bin, war überwältigt, als aus diesem schüchternen Mädchen in Sekunden eine selbstvergessene Virtuosin wurde. Sobald der letzte Ton verklungen war, schaute sie mich wieder mit ihren schüchternen Mädchenaugen an, und ich bedauere zutiefst, dass ich ihr keine qualifiziertere Rückmeldung als »Ich fand das überwältigend« geben konnte.

Dass sie als Praktikantin also offensichtlich unsere Gottesdienste zu konzertanten Ereignissen machen konnte, war fraglos. Aber natürlich wollte ich auch hören, ob sie eine

Art geistliche Vorbildung habe – nicht, dass das für ein Praktikum Voraussetzung wäre, aber ich wollte wissen, auf welcher Ebene wir auch über die wesentlichen Inhalte unserer Gemeindearbeit reden konnten.

Wieder schaute sie mich sehr zurückhaltend, fast ängstlich an. Nein, sagte sie, sie habe wenig bis gar kein Vorwissen. Macht nichts, sagte ich und fragte noch einmal nach, ob sie und ihre Familie denn einer anderen geistlichen Tradition folgen würden oder ob Religion für sie einfach gar keine Rolle spielen würde.

Sie schaute mich aus ihren großen braunen Augen an und antwortete: »Ich bin Jüdin. Ist das ein Problem?«

Nein.

Natürlich war das kein Problem. Das war mir vielmehr eine große Freude, dass ein junges jüdisches Mädchen den Weg in unsere Gemeinde gefunden hatte! »Problematisch«, also irritierend fand ich eher die leise trotzige Vorsicht, mit der Lilia diesen Satz gesprochen hatte.

Wie kam sie darauf, dass das ein Problem sein *könnte*? Hatte sie abwertende, diskriminierende Erfahrungen gemacht?

Das konnte ich mir in unserem friedlichen Kiez und ihrer anspruchsvollen Schule nicht vorstellen (inzwischen weiß ich, dass unser Kiez schon lange nicht mehr friedlich, sondern im Gegenteil ein Treffpunkt von jungen Rechten ist und dass ein anspruchsvoller intellektueller und musischer Habitus, wie er an Lilias Gymnasium gefördert wird, nicht vor Antisemitismus schützt. Damals war ich da tatsächlich noch naiver). Behutsam fragte ich sie nach dem Grund ihrer Vorsicht.

Aus unserer ersten Begegnung entwickelte sich nach und nach eine für mich eigenartige und berührende Freundschaft. Lilia war zu der Zeit 15 Jahre alt, ich war 53. Ich hätte also bereits ihre Großmutter sein können. Aber Lilias Seele war und ist sehr viel älter, reifer, als ich das von jungen Frauen ihres Alters kannte. Das lag sicher auch daran, dass sie seit frühen Kindertagen mit eiserner Disziplin Klavier spielte, manchmal viele Stunden am Tag, immer wieder an Wettbewerben teilnahm – und sie manchmal auch gewann – und tief in die Welt der klassischen Musik eingetaucht war. Sie sprach mit einer Vertrautheit und Liebe von Komponisten wie Bach und Schostakowitsch und Chopin, wie ihre Altersgenossinnen vielleicht von ihrer ersten Liebe oder den aktuellen Stars der Musikszene. Aber es war noch etwas anderes. Dieser Ernst, diese Zurückhaltung, manchmal eine namenlose Traurigkeit, die sie umgaben. Ich hörte Lilia nicht lachen.

Allmählich erfuhr ich die Geschichte ihrer großen, weit über Europa und bis nach Russland hinein verzweigten Familie. Mit einer Stimme, die nicht recht zu einer fünfzehnjähren, klugen jungen Frau passen wollte, sagte Lilia, dass sehr viele ihrer Angehörigen die Schoa nicht überlebt hätten. Und dass ihre Eltern sich vom Judentum abgewendet hätten. Zwar arbeitete ihre Mutter für eine Berliner Synagoge, ginge selbst aber einen ganz eigenen geistlichen Weg. Die jüdischen Feste wurden kaum oder gar nicht gefeiert, unter anderem auch deshalb, weil die

Beziehungen der Familienmitglieder untereinander nicht unbelastet seien. Nein, sie selbst, Lilia, wisse so gut wie nichts über das Judentum. Über ihr Jüdischsein.

Ich hörte ihr zu und wurde immer trauriger. Spürte die stumme Last, die Lilia trug und die ihre Stimme immer wieder zu einem verhaltenen Flüstern erstickte. Ahnte, wie sehr ihre Familie zersprengt worden war – zerrissen durch vielfachen Mord, zerrissen durch die untergründige Angst, die bis in Lilias Enkelgeneration innere Freiheit und Lebendigkeit zu unterdrücken schien. Nur wenn sie spielte, ahnte ich, welche Kraft, welcher Lebenswille, welche Leidenschaft in dieser jungen Frau gefesselt waren und in der Musik hervorbrachen – für Augenblicke. Bis sie wieder verstummte.

Wir begannen miteinander Grundlagen des Judentums zu lernen. Endlich hatten die vielen Bücher in meinem Regal, die sich im Laufe der Jahre zu einer ansehnlichen Judaica-Bibliothek angesammelt hatten, einen Sinn. Lilia las und hörte und fragte. Und doch blieb sie immer vorsichtig, als täte sie etwas Verbotenes. Etwas, was sie sogar vor sich selbst verbergen müsse oder in dem sie letztlich doch nie ganz zu Hause sein dürfe.

Dann begann sie, mir von ihren furchtbaren Träumen zu erzählen. Alles, was ich bis dahin gelesen und gehört hatte über die intergenerationelle Weitergabe von Traumata, bestätigte sich in ihren Erzählungen. Sie träumte Szenen voller Gewalt und Entsetzen, die sie nicht selbst erlebt hatte und – so glaubte sie – auch keine ihrer Großmütter ihr erzählt hätten. Lilia erlebte das Grauen der Schoa in der Nacht, wenn sie allein in ihrem Zimmer lag.

Wenn sie dann erwachte, hörte sie Musik. Ihre Musik, ihre – so sage ich das – Nacht-Engel. Bach vor allem. Ihr Trost, ihre Rettung, ihr Gebet in der Nacht war die Musik. Und sie schrieb Biografien von jüdischen Musikern und Musikerinnen auf, als würde sie ein persönliches Familienalbum erstellen. Voller Liebe, voller Verbundenheit schuf sie für jeden Musiker und jede Musikerin eine Erinnerung in ihrem Buch.

Zu ihrem sechzehnten Geburtstag schenkte ich Lilia einen silbernen Davidstern. Ihre Familie reagierte zunächst zurückhaltend, weil offen gezeigtes Jüdischsein auch in Berlin inzwischen wieder gefährlich sein könnte. Wir wissen inzwischen, dass das stimmt. Damals dachte ich, diese Angst sei Ausdruck des erlittenen Familientraumas. Vielleicht ist sie das auch, aber vor allem ist sie berechtigt. Lilia trägt den Anhänger bis heute. Trotzdem. Ich bin ihr dafür dankbar – nicht nur, weil sie mein Geschenk würdigt (darüber freue ich mich natürlich), sondern weil sie der Angst etwas entgegensetzt. Vielleicht ihre Hoffnung, dass es irgendwann ganz normal wird, einen Davidstern zu tragen. Vielleicht – hoffentlich – ihren Stolz auf ihre Tradition. Auf den Bund mit Gott, dem sie angehört.

Trotz allem.

Natürlich sprachen wir über diesen Gott. Natürlich schrien in Lilia dieselben Fragen. Schrien lautlos, verstummt. Gott, wenn es dich denn gibt: Wie konntest du?

Je lauter dieser stumme Schrei in den Augen dieser jungen Frau gellte, desto leiser wurde ihre Stimme. Desto grauenhafter ihre Träume, desto schlafloser die Nächte. Desto inniger ihre Liebe zur Musik.

Einmal erzählte sie mir einen Traum, der anders war. Ich bin mir nicht sicher, ob ich ihn mir richtig gemerkt habe. Wenn nicht, dann verzeih mir bitte, Lilia. Dann habe ich etwas dazugeträumt. Dann ist es vielleicht inzwischen auch ein bisschen mein Traum für dich.

Jedenfalls erinnere ich mich so:

Sie träumte sich selbst wieder in einer dunklen, eingeschlossenen Umgebung, wie in einem Gefängnis. Angst und Ersticken droht. Plötzlich aber – wodurch ausgelöst? Am liebsten wäre mir, ich könnte hier schreiben: Durch ihren eigenen Schrei, aber so war es nicht – plötzlich aber öffnete sich dieser Kerker, und sie fand sich in einem großen Konzertsaal wieder. Auf der Bühne ein großer, kostbarer Flügel, an dem eine Pianistin spielt. Ganz allein. Die Pianistin trägt ein langes, rotes Kleid, die schwarzen Haare fließen auf ihre Schultern. Sie spielt. Sie wird. Sie ist. Ist selbst zur Musik geworden.

Lilia spielt.

So ähnlich sah sie sich im Traum, und so sehe ich diese junge Frau, wenn ich sie mir befreit vorstelle. Befreit zu sich selbst.

Dafür muss sie – wie wir alle – heraus aus diesem Gefängnis. Dem Gefängnis des Traumas. Dem Gefängnis des KZs in ihrem eigenen Kopf.

(Lilia hat mir inzwischen erzählt, dass dieser Traum kein Traum, sondern eine Geschichte war, die sie einmal geschrieben hatte. Und dass diese Geschichte ein bisschen anders war, als hier wiedergegeben. Allerdings stimmt die Erinnerung an die Pianistin in dem roten Kleid. So ist es also tatsächlich auch mein Traum, mein Traum für dich, liebe Lilia).

Als Lilia in die Oberstufe kam, wurde unser Kontakt seltener. Die Schule forderte sie, außerdem hatte sie vielfältige Konzerte und Auftritte als Pianistin und Chorsängerin überall in Europa. Und vielleicht brauchte sie auch einfach mal ein bisschen Abstand von ihrer eigenen Geschichte, die sich in unseren Gesprächen unweigerlich aktualisierte.

Ich fuhr in dieser Zeit zum zweiten Mal in meinem Leben nach Auschwitz.

Lange hatte ich gezögert. Sechzehn Jahre alt war ich, als ich zum ersten Mal mit einer Schüler*innengruppe dort war, so alt wie Lilia heute. Für immer hatten sich mir die Erinnerungen daran eingebrannt. Die schmutzig roten Ziegelmauern. Die baumlosen, staubigen Lagerstraßen. Die Berge von Koffern hinter Glas, Kinderschuhe darunter. Ganz kleine Kinderschuhe. Die Haare, noch zu Zöpfen gebunden. Die Brillen in Fassungen, die in den Siebzigern wieder modern waren. Die ungehobelten Holzbretter, Pritschen genannt. Die »Duschen«. Die Öfen. Die unhörbaren Schreie, die mich ertauben ließen. Meine beste Freundin, die an einer der Mauern weinend zusammenbrach, und ich half ihr nicht, weil ich starr auf einem Fleck stand und mich nicht bewegen konnte. Nie mehr.

In all den vielen Lebensjahren danach – fast vierzig inzwischen – hatte ich oft das Gefühl, dass ich mich tatsächlich nie mehr bewegt habe. Dass ich, ach ja, wer ist das denn? – dass ich tatsächlich in Auschwitz geblieben bin und noch immer zwischen den schmutzig roten Klinkermauern stehe und auf die Baracken starre. Niemand außer mir ist dort, außer meine weinende Freundin, die mich nicht sieht und hört, weil sie gerade erstickt in ihren Tränen.

Aber ich hatte das Gefühl, dass ich das junge Mädchen von damals wenigstens besuchen sollte in Auschwitz, wenn ich sie nicht mit nach Hause nehmen konnte.

Ich fuhr allein mit einer Gruppe von »Aktion Sühnezeichen Friedensdienste«. Drei Tage in Auschwitz, Birkenau und Oswiecim, der polnischen Stadt, in deren Nähe das KZ liegt. Anschließend zwei Tage in Krakau.

Eigentlich bin ich ein ziemlich kontaktfreudiger Mensch. Meine Mitreisenden werden mich diesmal allerdings als eigenbrötlerisch und sogar unhöflich empfunden haben. Das tat mir leid, aber ich nahm es in Kauf. Ich wollte allein sein. Mit mir, mit dem jungen Mädchen, falls ich es finden sollte. Vor allem aber mit diesem Gott. Falls ich ihn finden sollte.

Im Stammlager Auschwitz I verbrachte ich einen ganzen Tag. Vormittags wurde die Gruppe von einer polnischen, sehr gut Deutsch sprechenden Historikerin begleitet. Am Nachmittag hatten wir »frei«. Freie Zeit in Auschwitz. Absurd.

Erst am Abend wurden wir mit dem Bus zurück in das Gästehaus gefahren.

Ein verwirrend blauer Himmel leuchtete den ganzen Tag über dem Lager. Die Sonne schien warm und zärtlich. Es waren inzwischen Bäume gewachsen, hohe Bäume, Birken vor allem, die ein fröhliches (... darf ich so ein Wort schreiben in einem Satz, in einem Abschnitt, in dem mit gleichen Buchstaben vom Lager geschrieben wird?) – also vielleicht: heiteres (geht auch nicht. War aber so) grüngoldenes Windspiel in der Luft spielten. Rasen war gewachsen zwischen den Baracken. Ein sanftes dunkles Grün kontrastierte fast künstlerisch mit dem Rostrot der Klinkersteine. In den vergangenen Jahrzehnten ist die Gedenkstätte professionalisiert worden. Es gibt ein Café, einen Buchladen, sogar so etwas wie »Souvenirs«. Es gibt Teleskopstangen für Handys zu kaufen, mit denen die Selfies besser wirken, als wenn das Smartphone nur auf Armlänge entfernt gehalten wird. Das Selfie vor der Baracke. Es gibt Audioguides und ein pädagogisch durchdachtes Leitsystem durch die Baracken. Und es gibt sehr, sehr viele Menschen, die dort hindurchgehen, meist schnell, denn die nächste Besuchergruppe wartet schon.

Ich zog mich tief in mich selbst zurück, versuchte, mich durch diese verwirrenden Umstände nicht ablenken zu lassen. Versuchte, meine Erinnerungen mit diesem eigenartig »freundlichen« Ort (nein, nicht schon wieder. Doch. Irgendwie schon) in Übereinstimmung zu bringen. Die

Baracken waren noch da, wenn auch gar nicht mehr grau und schmutzig.

Die Treppenhäuser in den ersten Lagerblocks waren renoviert. Wir gingen in den Block, in dem der Häftlingsbesitz aufbewahrt wurde. Das Treppenhaus war sauber, ein bläuliches Licht gab dem dunklen Innenraum eine fast sanfte Kühle nach dem hellen Sonnenlicht vor der Tür. Ich stieg in das obere Stockwerk empor. Vor dem Eingang in den eigentlichen Ausstellungsraum war eine Vitrine aufgebaut.

Aus dieser Vitrine leuchtete mir ein hellweißes Licht entgegen. Ein Licht, so klar und weich und tröstlich, dass ich augenblicklich aufatmete und von einer sanften Wärme durchflossen wurde, die unendlich beruhigend und – ja: mütterlich auf mich wirkte. Erst jetzt wurde ich mir meiner inneren Anspannung bewusst und fühlte mich im selben Augenblick getragen, geborgen, getröstet und – bewahrt. Ich konnte nicht mehr verloren gehen, solange ich in diesem Licht blieb.

Als ich näher an die Vitrine herantrat, erkannte ich darin drei große, hellweiße *Tallitot,* jüdische Gebetsmäntel. Von ihnen also war dieses berührende Licht ausgegangen, das mich umfangen und erfüllt hatte wie die Liebe einer Mutter und die Flügel barmherziger Engel. Ich stand vor dieser Vitrine, schaute minutenlang auf die Tallitot, ließ mich nicht wegschieben von den nachfolgenden Besuchern, versank einfach in diesem Licht und in diesem Trost.

Wenn hier Gebetsmäntel mit einem solchen innewohnenden Licht aufbewahrt worden waren und wenn von diesen Gebetsmänteln ein solcher Trost ausgehen konnte – dann war hier gebetet worden, wie vielleicht nie wieder irgendwo auf der Welt gebetet worden war. Und wenn hier so gebetet wurde, dass ich das Licht dieser Gebete noch heute spüren konnte – dann muss auch Gott hier gewesen sein. Diesen Gebeten konnte ER sich nicht entzogen haben, nie und niemals! Und wenn diese Gebetsmäntel noch immer so einen Trost schenken konnten, mir jedenfalls – dann war ER noch immer da und immer da gewesen und nicht endgültig ermordet worden. Dann war ER hier. Bis heute. Und konnte auferstehen mit diesem Licht und diesem Trost auch in meinem Herzen.

Ich wollte nicht mehr weg von dieser Vitrine.

Und ja: Wenn ich jemals irgendwo die lichte Gegenwart Gottes – Seine *Schechina*, Seine Einwohnung – irgendwo auf dieser Welt gespürt habe, dann hier. Vor dieser Vitrine, in diesem Häftlingsblock, in Auschwitz.

Die Koffer waren noch da, die mit den so vertrauten »deutschen« Namen. Die Kinderschuhe. Die Brillen. Ich schaute sie an, alle. Und versuchte, sie mit diesem Licht zu umhüllen wie in kostbare Seide. Versuchte, sie »nach Hause« zu bringen zu ihren Besitzern in die lichte Gegenwart Gottes, in der ich sie alle wusste. Alle, die Babies, die Kinder, die jungen Mädchen, die fast erwachsenen Jungs, die Mütter und Väter, die alten Frauen, die Greise. Alle. Alle in diesem Licht. Und ich mit ihnen.

Den Nachmittag verbrachte ich am Rand des Lagers. Ging in keine der Baracken oder Blocks mehr. Saß einfach nur da, schaute auf die leerer werdenden Lagerstraßen, die tiefer werdenden Schatten, lauschte dem leisen Wispern der Birken. Stellte mir vor, dass sie hier wären, unsichtbar, aber doch anwesend. Die vielen, die hier gegangen waren, die sich hier entlanggeschleppt hatten, die hier zusammenbrachen und in den Draht liefen als letzten Ausweg. Stellte mir vor, dass sie, einige vielleicht, mit mir hier saßen, ruhig, lebendig und frei jetzt. Dass wir einfach miteinander schwiegen, die warme Nachmittagssonne spürten und, ja wirklich – das Abendlied einer Amsel hörten, die auf einem der Dächer saß und sang. Ja, die Amsel sang.

Fast wollte ich nicht gehen. Wollte sie nicht mehr verlassen. Fühlte mich gerade dort mit ihnen so vertraut. Mögen sie doch bei mir gewesen sein.

Bald nach diesem Erleben machte mich Lilia mit der dritten Symphonie von Leonard Bernstein vertraut, die den Titel »Kaddish« trägt. Sie schreibt dazu:

Das Besondere an Leonard Bernstein war nicht nur sein außergewöhnliches Talent zu komponieren, zu dirigieren und auf viele verschiedene Arten zu musizieren, sondern auch die Gabe, alle Menschen zu lieben und aus dieser Liebe heraus zu reden, zu handeln und zu schaffen. Die dritte Symphonie ist das vollkommene Beispiel dafür, wie untrennbar Bernsteins Werk mit seinen persönlichen Themen und Gedankengängen ver-

bunden ist. Mehr als in jedem anderen Werk wendet er sich darin der 12-Ton-Musik zu und schafft durch einen ständig präsenten Kontrast zwischen der Atonalität, der völligen Auflösung der uns bekannten Harmonien, und den sehr expressiven, romantischen Harmonien, die man von Bernstein zum Beispiel aus der West-Side-Story kennt. Doch die Symphonie hat noch eine andere Ebene: den Text, ebenfalls von Leonard Bernstein selbst verfasst und durch und durch verwoben mit der Musik. Denn auch im Text findet sich die zentrale Frage nach alt-bekannten Traditionen und Regeln und nach deren Gültigkeit in einer Welt nach der Schoa. Brauchen wir neue Regeln, neue »Abmachungen« für unser Zusammenleben mit Gott? Wäre es besser, gar keine Regeln zu schaffen, damit sie nicht mehr gebrochen werden können? Haben wir (und Gott) unter all dem Elend vielleicht auch den Sinn für die Schönheit unserer Welt verloren? Wie können wir uns darauf zurückbesinnen?

Solche Fragen sind es, die Bernstein musikalisch und textlich stellt, diskutiert, die er mal schreit und mal flüstert und am Ende auf eine Weise beantwortet, die zeigt, was für ihn immer das höchste Prinzip im Leben war: die Liebe.

Hier endlich fand ich, wonach ich unwissend gesucht hatte – eine geistliche, theologische, liebevolle Möglichkeit, mit diesem, unserem, meinen Gott weiterzuleben, ohne die Vernichtung, die geschehen war, leugnen, banalisieren oder überspringen zu müssen.

Einen geistlichen Weg, den Gott und wir *miteinander* gehen können, beide verletzt, beide vernichtet und neu werdend, beide sich neu einander zuwendend in einem neuen, dem dritten Bund.

Lilia und ich hörten gemeinsam die Symphonie.

Chorus III

Das Kaddisch ist ein jüdisches Lobgebet. Ein Gesang eher, ein Hymnus, der mehrmals am Tag zitiert wird im Gebet der Synagoge. Und der gerade dann gebetet wird, wenn eine oder ein nahe*r Angehörige*r gestorben ist.

Gerade im bitteren Schmerz der Trauer, gerade in dem Augenblick, da am Grab der Abschied endgültig scheint, wird es gebetet und Gott über alles Verstehen hinaus gelobt:

Erhoben und geheiligt
werde Sein großer Name. Amen.
In der Welt, die Er nach Seinem Willen erschaffen.
Amen.

Und Sein Reich erstehe
in eurem Leben und zu euren Tagen
und dem Leben des ganzen Hauses Israel
schnell und in naher Zeit.
Sprechet: Amen!

Sein großer Name sei gepriesen
in Ewigkeit und Ewigkeit der Ewigkeiten!
Gepriesen sei und gerühmt und verherrlicht
und erhoben und erhöht und gefeiert
und hocherhoben und gepriesen
der Name des Heiligen, gelobt sei Er,
noch über jedes Lob
und Gesang und Verherrlichung
und Trostverheißung,
die je in der Welt gesprochen wurden.
Sprechet: Amen!

Fülle des Friedens
und Leben möge vom Himmel herab uns
und ganz Israel zuteil werden.
Sprechet: Amen!

Als »Kaddisch der Trauernden« wird dieser überschwänglische Lobpreis ein zwingendes Flehen zu Gott, das IHN, den Ewigen, hineinzwingt in die Trauer und in die Tiefe unseres Menschenschmerzes.

Dass ER uns nur ja nicht verlasse, gerade jetzt nicht.

Nach der Schoa war es vielen nicht mehr möglich, das Kaddisch zu sprechen. Es gibt Grenzen für das Lob Gottes – so die Empfindung. Auch Gott kann zu weit gehen, und ER hat es getan.

Andere haben andere, neue Formen des Kaddisch gedichtet. Zu ihnen gehört der Komponist und Dirigent *Leonard Bernstein*. Bernstein wurde am 25. August 1918 in

Lawrence, Massachusetts, als Kind jüdischer Einwanderer geboren. Sein Vater Sam Bernstein kam aus Süd-Russland (heute Ukraine), seine Mutter war ebenfalls als jüdische Russin eingewandert.

Leonard war durch die häufigen Umzüge seiner Eltern ein scheues, zurückhaltendes Kind gewesen, überliefern uns seine Biografen. Zudem hatte er Asthma und Heuschnupfen und blieb lange eher kränklich und schwach.

Statt also mit den Jungen seines Alters herumzutoben, ging Lenny, wie er genannt wurde, gern in die Synagoge und liebte die Musik – in den Reformsynagogen wurde wie in den Kirchen Orgel gespielt, und gerade diese entzückte den Jungen. Eine Tante schenkte ihm ein Klavier, und damit hatte Lenny seine Berufung gefunden und folgte ihr ein Leben lang.

Er studierte Musik an der Harvard-Universität und studierte außerdem Philosophie, Ästhetik, Literatur- und Sprachwissenschaften. 1963, achtzehn Jahre nach dem Ende des Zweiten Weltkriegs, schrieb Leonard Bernstein die Sinfonie Nr. 3 mit dem Titel: *Kaddish*. Die Uraufführung fand am 10. Dezember 1963 in Tel Aviv statt.

Den Text hatte Bernstein selbst geschrieben, arbeitete selbst aber immer wieder an neuen Überarbeitungen. Nach seinem Tod 1990 arbeitete seine Tochter Jamie Bernstein weiter an dem Text und schließlich auch der Holocaust-Überlebende Samuel Pisar, den Bernstein selbst noch um eine Überarbeitung gebeten hatte.

Ein Text also, der lebt. Lebt in den Herzen derer, die sich ihm aussetzen. Der sich neu einspricht in die Lebenswirklichkeit derer, die er trifft.

Ich wage zu sagen: Ein Text, in dem der Geist Gottes mitwirkt. So jedenfalls habe ich es erlebt.

Bernstein thematisiert in der Sinfonie Nr. 3 das Kaddisch-Gebet Kaddisch, aus dem er einzelne Teile verwendet, die Sinfonie ist in drei Teile gegliedert:

»Anrufung«/Invocation (Kaddish 1)

Ein Mensch wendet sich an den Vater, um Kaddisch zu sprechen. Der Chor singt das erste Totengebet des Mannes. Im Anschluss stellt der Mann seine Forderungen an den Vater: Ordnung und Frieden auf der Erde: *Zornige, zerfurchte alte Majestät: / Ich will beten. / Ich will Kaddisch sagen. / Meinen eigenen Kaddisch. Es könnte sein, / dass niemand mehr da ist, der ihn nach mir spricht.*

»Prüfung nach dem Gesetz«/»Din Torah« (Kaddish 2)

Das Tora-Gericht, *Din Torah,* das die Prüfung durch die Weisung Gottes selbst fordert Rechenschaft von dem Vater, der zu viel Unrecht und Leid auf der Welt geschehen lasse: *Ohnmächtiger Gott! Dein Vertrag ist nichtig! / Er zerfällt in meiner Hand! / Und wo ist der Glaube jetzt – Deiner und meiner?* Daran schließt sich das »zweite Kaddisch« an.

»Scherzo – Finale« (Kaddish 3)

Der Sprecher fordert einen neuen Bund, nachdem sowohl der erste Bund, den Gott mit den Menschen geschlossen, als auch der durch den Menschen angebotene Bund gescheitert sind – weil beide versagt haben: *Schau nun empor! Was siehst Du? / Einen Regenbogen, den ich für Dich / geschaffen habe! / Mein Versprechen! Mein Bund! / Sieh ihn an, Vater: Glaube! Glaube!* Schließlich, nach dem dritten Kaddisch, schließen Gott und Mensch noch einmal einen Bund miteinander in einem neuen Morgen: *O mein Vater, Herr des Lichts: / Geliebte Majestät: Mein Bild, mein Selbst! / Wir sind eins, letztlich, Du und ich: / Zusammen leiden, zusammen leben wir, / und ewig werden wir einander erschaffen!*

Der Frieden stiftet in den Himmelshöhen,
stifte Frieden unter uns
und ganz Israel,
sprechet: Amen!

8

Es gibt nichts Ganzeres als ein gebrochenes Herz (Rabbi Nachman von Bratislav)

Würdest du mir bitte sagen, wie ich von hier aus
weitergehen soll? – Das hängt zum großen Teil davon
ab, wohin du möchtest, sagte die Katze.
(Lewis Carroll, Alice im Wunderland)

Eines Morgens erwachte ich und hatte ein seltsam weites, schwebendes Gefühl. Es war ein ganz normaler Morgen im Frühsommer. Die Vögel vor dem Fenster sangen laut ihr Morgengebet, die Sonne blinzelte durch die Rollos.

Ich lag einfach da, so wie ich erwacht war, und fühlte mich – anders. Ohne mich zu regen, versuchte ich diesem »anders« nachzuspüren. Gab es einen Ort in mir, von dem es ausging? Hatte es eine Farbe, einen Klang, ein Wort?

Nein, es ging nicht von irgendwo in mir aus, sondern eher war ich in diesem »anders« enthalten. Als wäre meine Haut, mein ganzer Leib plötzlich durchlässig für etwas

»anderes«, ganz und gar Überall-Gegenwärtiges, das mich sehr weit um meine eigentlichen Körpergrenzen hinaus öffnete und leicht machte. Ich fühlte mich für Augenblicke unendlich frei und leicht und seltsam grenzenlos – aber ganz und gar nicht verloren, vielmehr endlich »aufgehoben« in des Wortes dreifacher Bedeutung: geborgen, emporgehoben, weggenommen.

Und wiedergefunden.

Dieses »anders« hatte nicht eigentlich eine Farbe, vielmehr ließ es alle Farben, die ich sah, klarer erscheinen. Und es klang auch nicht, vielmehr schien es mein Ohr zu öffnen für die Klänge des Morgens, die das Zimmer erfüllten. Den Gesang der Vögel, eine leise Bewegung in den Blättern vor dem Fenster, meinen eigenen Atem. Selbst die Stille schien hörbar – weich, leicht.

Vorsichtig tastete ich nach einem Wort. Ob es eines gäbe, dass dieses »anders« berühren würde. Es mit irgendetwas verbinden würde, das mir vielleicht schon einmal begegnet war und schon in Sprache gegossen war.

Zugleich fürchtete ich mich davor, ein passendes Wort zu finden.

Etwas zu benennen, kann auch Leben nehmen. Kann handhabbar machen, fixieren. Fesseln.

Ich hatte einmal gehört, dass es im Griechischen dasselbe Wort sei: »verraten« und »überliefern«.

»In der Nacht, da er verraten ward …« So beginnen die Einsetzungsworte, die in jeder Abendmahlsfeier den Augenblick benennen, da die Pfarrerin oder der Pfarrer Brot und Wein nehmen und den Geist Gottes bitten, dass ER uns die Gegenwart Jesu Christi in diesen Gaben erfahrbar mache. *In der Nacht, da er verraten ward ...*

In den ersten drei Evangelien wird erzählt, dass Jesus das Sedermahl, also das festliche Abendessen zu Beginn des Pessach-Festes, mit seinen Jüngern aß. In Gethsemane bei Jerusalem. Kurz darauf wurde er von römischen Soldaten verhaftet, nachdem Judas, so wird berichtet, diesen verraten hatte, wo sich Jesus aufhält. Die Römer wollten ihn nicht am Tage festsetzen, weil sie den Widerstand seiner Anhänger fürchteten. Deshalb also in der Nacht.

In der Nacht, da er verraten ward, nahm er das Brot ...

Dieses Wort, das im griechischen Text steht, kann eben sowohl mit »verraten« als auch mit »ausliefern« und schließlich »überliefern« übersetzt werden.

Tradieren.

Tradition ist immer auch »ausliefern«. An uns Menschen. Das Geheimnis Gottes, die lebendige Gegenwart des Lebens, bindet sich an Formen – Worte, Riten, Objekte, Räume –, die wir Menschen mit unserem kleinen Verstand zu verstehen glauben. Gebrauchen können. Mit denen wir leben können.

Immer ist die Grenze hauchdünn, da wir das, was uns zum Leben helfen soll, töten. Durch Gewohnheit. Durch Banalisierung. Durch unsere Überheblichkeit, mit der wir dann meinen, dass wir mit Gott umgehen könnten, wie es uns so beliebt. Durch unseren Spott. Was soll mir ein Gott, der sich von mir aufessen lässt?

In der Nacht, da er verraten ward.

In der Nacht, da er sich ausgeliefert hat.

In der Nacht, da er zugelassen hat, dass wir ihn überliefern und aus seiner Liebe eine Tradition machen.

Weil Er weiß, dass wir anders gar nicht mit Ihm leben können. Weil wir die Gefäße – Sprache, Riten, Objekte, Schutzräume – brauchen, damit Sein Licht uns nicht blind macht und wir fortan im Finstern leben.

Im Ersten Testament wird eine Begebenheit erzählt, die mir bei diesen Überlegungen immer wieder einfällt.

Mose war ein Freund Gottes. Nach einer sehr bewegten Jugend, nach der Erfahrung von Schuld und Scheitern und einem Leben als Geflüchteter in einem fremden Land wird er schließlich von Gott auserwählt, das Volk Israel aus der ägyptischen Sklaverei zu befreien.

Mit seiner gebrochenen Biografie und einem ausgeprägten Sprachfehler fühlt sich Mose von diesem Auftrag hoffnungslos überfordert. Gott aber nötigt ihn immer wieder hinein in seine Berufung, gibt ihm seinen eloquenten Bruder Aaron an die Seite und verschiedene Hilfsmittel in die Hand. Und schließlich gelingt es tatsächlich: Die Israeliten können Ägypten als Befreite verlassen. Vor ihnen aber liegt eine vierzigjährige Wanderung durch die Wüste, die sie von dem Land ihrer Verheißung trennt. Die Bibel erzählt von dieser dramatischen Wanderung überaus lebendig und anschaulich und beschreibt immer wieder, wie die so Befreiten sich bald gegen ihren Anführer Mose auflehnen. »Wären wir doch bei den Fleischtöpfen Ägyptens geblieben, da hatten wir wenigstens genug zu essen!« Dieser Hinweis auf die Fleischtöpfe Ägyptens hat sich bis in unsere heutige Alltagssprache überliefert und bezeichnet den Undank der Befreiten. Lieber versklavt und versorgt als frei und auf Hoffnung und in eigener Verantwortung lebend.

Jedenfalls wendet sich der vielgescholtene Mose immer wieder an Gott und bittet IHN um Kraft und Unterstützung, dass ER das Volk und ihn selbst, Mose, geduldiger und vertrauensvoller machen solle. Und schließlich bittet Mose darum, dass Gott sich doch endlich selbst zeigen möge, denn es sei schwer, dem Volk immer von einem unsichtbaren Gott zu erzählen, wenn sie doch in Ägypten all die wunderschönen Götterbilder gesehen hätten und gern auch so einen sichtbaren Beweis der Gegenwart Gottes haben wollten. Und auch Mose selbst möchte IHN sehen, von Angesicht zu Angesicht, ihm, dem Mose selbst zum Trost.

Da entwickelt sich folgendes Gespräch zwischen Gott und Mose (2 Mose 33,13–23):

Mose sprach zu Gott: Hab ich denn Gnade vor deinen Augen gefunden, so lass mich deinen Weg wissen, damit ich dich erkenne und Gnade vor deinen Augen finde. Und sieh doch, dass dies Volk dein Volk ist.
Gott sprach: Mein Angesicht soll vorangehen; ich will dich zur Ruhe leiten.
Mose aber sprach zu ihm: Wenn nicht dein Angesicht vorangeht, so führe uns nicht von hier hinauf. Denn woran soll erkannt werden, dass ich und dein Volk vor deinen Augen Gnade gefunden haben, wenn nicht

daran, dass du mit uns gehst, sodass ich und dein Volk erhoben werden vor allen Völkern, die auf dem Erdboden sind?

Der HERR sprach zu Mose: Auch das, was du jetzt gesagt hast, will ich tun; denn du hast Gnade vor meinen Augen gefunden, und ich kenne dich mit Namen.

Und Mose sprach: Lass mich deine Herrlichkeit sehen!

Und er sprach: Ich will vor deinem Angesicht all meine Güte vorübergehen lassen und will ausrufen den Namen des HERRN vor dir: Wem ich gnädig bin, dem bin ich gnädig, und wessen ich mich erbarme, dessen erbarme ich mich.

Und er sprach weiter: Mein Angesicht kannst du nicht sehen; denn kein Mensch wird leben, der mich sieht.

Und der HERR sprach weiter: Siehe, es ist ein Raum bei mir, da sollst du auf dem Fels stehen. Wenn dann meine Herrlichkeit vorübergeht, will ich dich in die Felskluft stellen und meine Hand über dir halten, bis ich vorübergegangen bin. Dann will ich meine Hand von dir tun, und du darfst hinter mir her sehen; aber mein Angesicht kann man nicht sehen.

Mose also wird von Gott selbst in eine Felsspalte gestellt. So kann er den Vorübergang Gottes zwar spüren, vielleicht hören, aber nicht sehen. Würde er IHN sehen, würde er erblinden. Oder Schlimmeres.

Wir leben mit, vielleicht *in* Gefäßen, die Gott selbst uns bereitet hat, damit wir uns IHM und ER sich uns nähern kann. Mehr noch: In denen ER sich uns ausliefert, dass wir IHN überliefern können.

In Seinem Wort, das wir sprechen mit denselben Buchstaben und Worten, mit denen wir auch in unserem Alltag sprechen, Alltagsworte wie Kühlschrank, Smartphone, Haus, Tisch, gehen, sitzen, anschreien, vertragen, Krieg entfesseln, Frieden stiften, sterben, leben. All diese Wörter haben dieselben Buchstaben, wie wir sie auf den Seiten der Bibel finden.

ER liefert sich uns aus in unseren Riten, Ritualen, Sakramenten. In Seinem Sohn Jesus Christus, in dem ER, der Ewige Gott, sich ganz und gar in das Gefäß unseres Menschseins hineinbegeben hat, dass wir IHN sehen und hören und fühlen können.

So hat ER es immer getan.

Sich ausgeliefert, sich überliefert.

Bis die Tradition, die Worte, die Riten sich gegen IHN wenden und IHN fixieren.

Schließlich der Gleichgültigkeit preisgeben.

Und wieder erschafft ER uns neu. Immer wieder. In einer Liebe, die nichts Menschliches hat. Die Gottes ist.

Und immer wieder erschafft ER sich *in uns* neu. Dass wir es wieder wagen können, IHM zu begegnen.

Wieder eine neue Liebe. Ein neuer Bund.

Nur – anders …

Gibt es ein Wort für »anders« … Will ich denn, dass es eines geben soll …?

Ich könnte »anders« ab sofort »anders« nennen.

Dann wäre es bald ein Substantiv, mit einem grammatikalischen Geschlecht – warum nicht weiblich diesmal: »Die Anders«. Bald hätte »Die Anders« eine Gestalt, eine Farbe, einen Altar. Eine kleine Anhängerschaft würde sich um »Anders« versammeln, sie würden Gebete und Gesänge zu »Anders« formulieren, sie würden eigene Gefäße entwickeln, vielleicht zur Erkennung kleine bunte Bänder um den Arm und den Hals tragen, und es würde vermutlich nicht lange dauern, bis jemand sagt, dass unsere »Anders« sehr viel mächtiger, weiser, schöner und überhaupt spiritueller wäre als alle anderen Götter und dass nur die »Andersgläubigen« die eigentlich Erleuchteten wären.

Wir würden eine »Anders-Kirche« gründen, hätten Hierarchien und Strukturen und Geld und unsere Häuser sähen »anders« aus als andere Gotteshäuser, vermutlich wären sie kugelförmig.

Und dann würde es bald Streit und Spaltung und schließlich Krieg geben mit denen, die an anderes glauben als an »Anders«.

Es wäre wieder eine große Vernichtung.

Die kugeligen Häuser wären zerstört, die »Anders-Gläubigen« hätten unermessliche Schuld auf sich geladen und »Anders« wäre wieder ermordet worden, weil SIE sich ausgeliefert hat im Wort.

Und würde – wenn ER/SIE will – wieder auferstehen in uns.

Nur eben »anders«.

Nein. Kein Wort mehr für dieses Erwachen an einem Frühsommermorgen.

Aber leben daraus. Und mit IHR, die ER ist und die SIE immer war.

Die alte Frau passt auf, sie achtet auf dich.
In der Dunkelheit des Sturms passt sie auf.
Sie webt, sie heilt, sie sammelt die Farben.
Sie passt auf dich auf.

Die alte Frau webt, sie verbindet die Fäden.
Ihre Knochen sind der Webstuhl.
Sie passt auf, sie webt, sie sammelt die Farben.
Sie passt auf dich auf.

Seit Jahren habe ich sie gesucht,
habe auf die alte Frau gewartet,
habe mich verloren gefühlt und so allein,
ich habe sie gesucht.
Nun finde ich sie, sie webt und sammelt die Farben,
nun finde ich sie in mir selbst.

9

Frei zum Leben

Jakob war der zweite Sohn von Isaak und Rebekka. Isaak wiederum war der Sohn Abrahams, der die Absicht seines Vaters überlebt hatte, ihn auf dem Berge Morija zu opfern. Weil der glaubte, dass Gott ihm das befohlen hatte.

Die Bibel erzählt uns nichts über die Verarbeitung dieses Traumas, das Isaak erlebt hatte. Er verschwindet einfach eine Zeitlang aus der Geschichte und taucht erst wieder auf, als er die schöne Rebekka heiratet.

Rebekka wird schwanger mit männlichen Zwillingen. Aus wiederum nicht näher erklärten Gründen entscheidet Gott, dass der eigentlich zweitgeborene Jakob die Stelle des erstgeborenen Esau einnehmen soll – ein in der Welt der biblischen Menschen dramatischer Beschluss, denn der Erstgeborene war in der Regel der Erbe, nicht nur der materiellen Güter, sondern auch des väterlichen Segens. Und der war wichtig.

Rebekka nun, warum auch immer (das ist so in der Bibel, es wird selten erklärt, warum etwas so ist. Es ist eben. Aber genau deshalb ist es so nah an unserem Leben, in dem wir auch oft nicht wissen, warum etwas so ist und nicht anders), Rebekka also bevorzugt den jüngeren Jakob von Anfang an. Vermutlich weil er schön ist und häuslich und liebevoll, während der eigentlich erstgeborene Esau als wild und »behaart« und eher spröde dargestellt wird. Ein Jäger vor dem Herrn, während Jakob eher der künstlerische, aber auch etwas verschlagene Muttersohn ist.

Dementsprechend hilft die Mama ihm bei dem finalen Betrug. Durch Verkleidung und Täuschung überlisten sie den alten, blinden Vater Isaak (oder war es doch das Trauma vom Berge Morija, das ihn so verwirrt hat? Manche jüdische Ausleger sagen es so).

Es kommt nämlich der Tag, da Isaak seinen Erstgeburtssegen an den Sohn Esau weitergeben möchte, als eine Art Initiation des Erbsohnes sozusagen. Rebekka aber schiebt ihm den jüngeren Jakob unter, handelt damit falsch, aber dennoch nach Gottes Weisung (was ist das für ein seltsamer Gott. Hätte nicht einfach gleich Jakob als Erster geboren werden können? Warum so umständlich?), und tatsächlich lässt sich Isaak täuschen und gibt dem Jüngeren den so wichtigen Erstgeburtssegen.

Der betrogene Esau schäumt vor Zorn und schwört, den jüngeren Bruder zu verfolgen.

Dieser flieht in die Wüste und in ein fernes eigenes Leben.

Viele Jahre später, als Jakob trotz allen Betruges ein reicher Mann, Vater vieler Kinder und Mann von mindestens vier Frauen ist, steht gleichwohl und endlich die Konfrontation bevor. Jakob erfährt, dass sein Bruder ihm entgegenkommt und bringt seine Frauen, Kinder, seine Tiere und all seinen Besitz in Sicherheit, um sich dann auf die Begegnung mit Esau vorzubereiten:

Und Jakob stand auf in der Nacht und nahm seine beiden Frauen und die beiden Mägde und seine elf Söhne und zog durch die Furt des Jabbok. Er nahm sie und führte sie durch den Fluss, sodass hinüberkam, was er hatte. Jakob aber blieb allein zurück. Da rang einer mit ihm, bis die Morgenröte anbrach. Und als er sah, dass er ihn nicht übermochte, rührte er an das Gelenk seiner Hüfte, und das Gelenk der Hüfte Jakobs wurde über dem Ringen mit ihm verrenkt. Und er sprach: Lass mich gehen, denn die Morgenröte bricht an. Aber Jakob antwortete: Ich lasse dich nicht, du segnest mich denn. Er sprach: Wie heißt du? Er antwortete: Jakob. Er sprach: Du sollst nicht mehr Jakob heißen, sondern Israel; denn du hast mit Gott und mit Menschen gekämpft und hast gewonnen. Und Jakob fragte ihn und sprach: Sage doch, wie heißt du? Er aber sprach: Warum fragst du, wie ich heiße? Und er segnete ihn daselbst. Und Jakob nannte die Stätte Pnuël: Denn ich habe Gott von Angesicht gesehen, und doch wurde mein Leben gerettet. Und als er an Pnuël vorüberkam, ging ihm die Sonne auf; und er hinkte an seiner Hüfte. Daher essen die Israeliten nicht das Muskelstück auf dem Gelenk der Hüfte bis auf den heutigen Tag, weil er den Muskel am Gelenk der Hüfte Jakobs angerührt hatte. (1 Mose 32,2–33)

Mit wem hat Jakob gekämpft, mitten in der Nacht? Und warum? In den Auslegungen gibt es dazu verschiedene Deutungen: Mit Gott selbst (aber warum?). Mit einem Engel Gottes (und warum?), mit seinem eigenen Schatten (psychologisch interessant, aber biblisch?), mit seinem schlechten Gewissen (aber kann das eigene Gewissen am Ende einen Segen sprechen und einen neuen Namen geben?). Mir erscheint die Deutung, dass es Gott selbst ist, mit dem Jakob ringt, am wahrscheinlichsten. Die Frage nach dem »Warum« ist vermutlich wie immer wenig ergiebig – die Frage nach dem Grund des göttlichen Handelns läuft zu oft ins Leere.

Eher vielleicht: Wozu? Wozu fordert Gott ihn heraus, und wo heraus fordert er ihn? Heraus aus seiner eigenen Angst (vor dem Bruder), aus seiner Überheblichkeit (denn bisher fiel ihm tatsächlich vieles einfach zu, ohne dass er sich sehr darum mühen musste, abgesehen von seiner großen Liebe Rachel, für die er vierzehn Jahre arbeiten musste). Vielleicht wollte Gott dem Jakob einfach mal zeigen, wer es war, der ihn bis hierher geführt hatte, und dass Er, der Ewige, eine ernst zu nehmende Größe in seinem Leben war. Und so offenbarte Er sich als der, der Er eben auch immer war: ein Gott in der Nacht, ein Gott des Kampfes, ein Gott, der seinem Vater Isaak als »Schrecken« begegnet war. Ein Gott, der anders war, als es die Halleluja singenden Engelchen in lieblichen Geschichten vermuten lassen.

Jakob nimmt die Herausforderung an. Er kämpft. Und ich stelle mir vor, dass er, obwohl die biblische Erzählung es mit denkbar knappen, spröden Sätzen wiedergibt (ganz ähnlich wie die Erzählung von der drohenden Opferung seines Vaters Isaak), dass er um sein Leben kämpft. Stundenlang. In der Nacht, im Fluss, zwischen den Ufern, da das Gestern vorbei und das Morgen noch nicht sichtbar ist. Im Fluss seiner Existenz, in der er sich festklammert an dem, der ihn bedroht und der dennoch seine einzige Rettung ist vor dem Untergang. Jakob kämpft um sein Leben zwischen Gestern und Morgen, und er kämpft in der Nacht.

Und sein Gegner kann ihn nicht bezwingen.

Er kann ihm nur kraft seiner göttlichen Überlegenheit einen Schlag auf die Hüfte versetzen, die ihn schwächt. Und noch immer lässt Jakob nicht los, genau wie Jahrtausende später sein Bruder Jossel Rakover nicht loslassen wird, festhalten wird diesen Gott, der ihn seinem eigenen Verderben ausliefern will. *Ich lasse dich nicht, du segnest mich denn.* Du kannst mich töten – aber zuvor wirst du mich segnen und das heißt: dich mit mir verbinden in deinem lebendigen und ewigen Sein.

Und Jakob wird gesegnet und bekommt einen neuen Namen: Israel, hebräisch: Jisra-El. Dieser Name kann in dreifacher Weise übersetzt werden: »Gott kämpft« oder: »Er kämpft mit Gott« oder »Gotteskämpfer«. Es ist also nicht klar, wer kämpft: Gott oder Mensch oder ein Mittler? Die Grenzen zwischen Gott und Mensch sind aufgehoben in diesem existenziellen, lebensbedrohlichen und lebensschaffenden Augenblick.

In der Tora, dem ersten Teil dessen, was Christen das Alte oder Erste Testament nennen, wird diese Geschichte zeitlich lange vor der Gabe der Zehn Gebote auf dem Sinai erzählt. Lange also vor dem ersten Bundesschluss Gottes mit Seinem Volk. Lange bevor eine neue Religion mit eigenen Kultvorschriften, eigenen Riten und Gesetzen konstituiert wurde.

Wir sind in einem Augenblick vor aller festgefügten Zeit. Es könnte ein Mythos sein – es könnte auch einfach eine ur-wahrhafte Menschheitserfahrung sein, die sich immer wieder neu ereignen kann.

Die Rabbinerin *Elisa Klapheck* schreibt zu dem Kampf des Jakob am Jabbok:

> *Die Geschichte von Jakobs Ringen beschreibt einen Moment, der individueller, ja existenzieller nicht sein könnte. Es ist der Moment, in dem sich ein Mensch in der Agonie seiner Gefühle erlebt, aber dessen religiöse Wahrnehmung ihn über das Chaos dieser inneren Mächte erhebt. Auf diesen existenziellen Moment verweist der Name Jisra-El, lange noch bevor daraus eine Religion, das heißt eine verbindliche Ordnung oder ein religiöses System entstand.*

»Es ist der Moment, in dem sich ein Mensch in der Agonie seiner Gefühle erlebt, aber dessen religiöse Wahrnehmung sich über das Chaos dieser inneren Mächte erhebt.« Darum geht es. Rabbinerin Klapheck beschreibt und bestätigt hier mit knappen Worten, dass es das gibt: eine religiöse, vielleicht noch treffender: spirituelle Wahrnehmung im Menschen, die sich frei und unabhängig aus dem Todeskampf, der Agonie menschlicher Gefühle erhebt und sich neu verbindet mit ihrem eigenen Ursprung. In diesem Sinne ist es dann auch wirklich eine religiöse Wahrnehmung, denn Religion bedeutet zunächst nichts anderes als »Rückbindung« – Bindung, Rückbindung an den Ursprung vor allen Sprachen, Formen und Gesetzen, die dann aus diesen Rückbindungen ein System und manchmal ein tödliches Gefängnis machen.

Der Neue Bund, den *Leonard Bernstein* in seiner Sinfonie Nr. 3 herbeiruft, die Begegnung mit dem, was sich »anders« anfühlt, wie ich es an einem Sommermorgen erlebt habe, ist nichts anderes: die Rückkehr zum Ursprung, die Neubindung des Bundes vor aller Religiosität und Erstarrung.

Ja, Jakob/Israel hinkt an seiner Hüfte, und er wird immer hinken. Ja, viele, die dieses existenzielle Ringen mit Gott und dem Leben kennen, bleiben Gezeichnete.

Unser deutsches Wort »Segen« kommt vom lateinischen Wort »Signum«, und das bedeutet zunächst nur »Zeichen« und in einer zweiten Bedeutungsebene dann die von oder für »Gott Ausgesonderten« (und das muss keineswegs etwas Angenehmes sein: Ein Schaf, das ausgewählt wird als Opfertier, ist nicht fröhlich. Das erwählte Volk Israel hatte im Laufe der Jahrtausende wenig Anlass zum Fröhlichsein. Ausgesondert zu sein bedeutet erstmal nur dies: eben ausgesondert sein. Wozu, wird sich erweisen).

Insofern sind die Gezeichneten auch die Gesegneten. Die, die in einer Beziehung zu dem Lebendigen stehen.

Deshalb leben sie, die Gezeichneten. Immer.

Deshalb leben wir. Immer.

Mehr noch: Sind wir frei, uns für das Leben zu entscheiden.

Deshalb: Hab keine Angst.

Quellenangaben

S. 25: Das Lied »Old woman is watching« ist geschrieben von Mary Trup, ich hörte es in der Vertonung von der Gruppe »Carien Wijnen & friends« auf ihrer CD »Womyn with Wings« von 1995. In diesem Buch habe ich es frei auf Deutsch nachgesprochen.

S. 28: Vgl. Heinrich Heine, Die schlesischen Weber (1845).

S. 29: Else Lasker-Schüler, Ein alter Tibetteppich, in: Else Lasker-Schüler, Gesammelte Werke in drei Bänden. Bd. I: Gedichte 1902–1943.

S. 69: Paul Celan, Todesfuge (1944/45). Vgl. Paul Celan, Die Gedichte – Kommentierte Gesamtausgabe in einem Band. Hrsg. und kommentiert von Barbara Wiedemann, Frankfurt am Main 2003. Im Netz: https://www.lyrikline.org/de/gedichte/todesfuge-66

S. 70: Nelly Sachs, Wenn die Propheten einbrächen. Aus: Nelly Sachs, Werke. Kommentierte Ausgabe in vier Bänden. Hg. von Aris Fioretos, Bd. 1: Gedichte 1940–1950. Hg. von Matthias Weichelt © Suhrkamp Verlag Berlin 2010.

S. 87: Zvi Kolitz, Jossel Rakovers Wendung zu Gott. Aus dem Jiddischen übertragen, herausgegeben und kommentiert von Paul Badde © 2004 Diogenes Verlag AG Zürich, S. 41; 49; 50.

S. 90: Elie Wiesel, zit. n. Birte Petersen, Theologie nach Auschwitz? Jüdische und christliche Versuche einer Antwort (Institut Kirche und Judentum 24), Berlin 1996, S. 53.

S. 90: Karfreitagsgebet, zit. n. Huub Oosterhuis, Jesus von Nazareth, ein jüdischer Lehrer. http://huuboosterhuis.de/upload/multimedia/Lukaspassion.-.Jesus.von.Nazareth.pdf.

S. 110: Gertrud von le Fort, Hymnen an die Kirche, Nr. VI. Hg. und mit einem Nachwort von Gundula Harand © Echter Verlag Würzburg 2014, S. 18.

S. 134: Leonard Bernstein, Kaddish. Ich habe den Text kennengelernt aus dem Begleitheft einer Audio-CD, die eine Aufnahme der Sinfonie von 1978 enthält (Deutsche Grammophon).

S. 152: Rabbinerin Elisa Klapheck, in: Jüdische Allgemeine, 22.11.2007, https://www.juedische-allgemeine.de/allgemein/kraeftemessen

Zur Autorin

Katharina Schridde, geboren 1964 in Westberlin, studierte Germanistik und Geschichte und absolvierte eine Ausbildung als Kinderkrankenschwester. Nach einer längeren geistlichen Suche ließ sie sich 1990 in einer evangelischen Gemeinde taufen und trat ein Jahr später in die *Evangelische Communität Casteller* Ring auf dem Schwanberg ein. Dort studierte sie Theologie und wurde 2008 ordiniert. 2011 kehrte sie nach Berlin zurück und gründete gemeinsam mit Freundinnen und Freunden die christliche Weggemeinschaft *Solentiname in Berlin*.

Seit ihrer Schulzeit beschäftigt sich Katharina Schridde, geprägt durch eigene familiäre Verstrickungen sowohl mit Opfern als auch mit Tätern der NS-Herrschaft, intensiv mit Fragen des jüdischen Lebens und mit den Folgen der Schoa. Traumatische Erlebnisse als junge Frau in Israel und ein jahrzehntelanger spiritueller Weg führen sie an die Grenzen theologischer und seelsorgerlicher Deutungen und lassen sie nach neuen Wegen in der Bewältigung grundlegender Lebens- und Sinnfragen suchen.

Katharina Schridde lebt und arbeitet heute in Berlin als Pastorin und Seelsorgerin in der Berliner Stadtmission.

Bisherige Veröffentlichungen: *Und plötzlich Nonne* (2009), *Begegnung mit Dir* (2009), *Du bist gesegnet* (2010), *Maria, Königin und Kämpferin* (2010), *Die Urkraft der Liebe* (2011), *Mittendrin* (2017).

Der Jude Jesus

NORBERT RECK

Der **Jude Jesus** und die Zukunft des **Christentums**

Zum Riss zwischen Dogma und Bibel
Ein Lösungsvorschlag

 GRÜNEWALD

Norbert Reck
Der Jude Jesus und die Zukunft des Christentums
Zum Riss zwischen Dogma und Bibel.
Ein Lösungsvorschlag

192 Seiten
Hardcover mit Schutzumschlag
und Leseband
ISBN 978-3-7867-3180-1

Sowohl die liberale Bibelkritik als auch der dogmatische Anti-modernismus haben das Jude-Sein Jesu entweder unsichtbar gemacht oder Jesus gar als Überwinder des Judentums gepriesen. Norbert Reck schlägt vor, wie die Entdeckung des Juden Jesus zu einer neuen Zukunft des Christentums führen kann.

GRÜNEWALD
www.gruenewaldverlag.de

Trauma und Heilung

Ellen Spangenberg
Dem Leben wieder trauen
Traumaheilung nach
sexueller Gewalt

200 Seiten
Paperback
ISBN 978-3-8436-0037-8

Ellen Spangenberg informiert umfassend über die Folgen von sexueller Gewalt, nennt neueste Behandlungsmöglichkeiten und vermittelt erprobte Methoden zur Selbsthilfe. Ein Buch, das eine Therapie nicht ersetzt, aber betroffene Frauen auf ihrem Heilungsweg hilfreich begleitet.
Bereits in vierter Auflage.

PATMOS
www.patmos.de